« Vieille France »

DU MÊME AUTEUR

Carnets d'une coquette raisonnable, *Seuil, 1992.*

Renonce avec grâce à ta jeunesse, *Seuil, 2002.*

Hélène Millerand

« Vieille France »

roman

Stock

Pour Lise

7 janvier 2003.

Donnez-moi la main, Dolorès, et restez près de moi. Approchez la petite chaise et asseyez-vous. J'aime cette petite chaise, elle est commode pour coudre et pour broder. Elle est gracieuse, légère et peu encombrante, on la transporte aisément vers la fenêtre ou sous la lampe pour trouver la lumière. Comme elle est basse, elle peut servir de prie-Dieu. Très vite on l'a baptisée la petite chaise de Mademoiselle Drot.

Elle faisait partie du mobilier de la première chambre que j'ai occupée sous les combles, dans l'hôtel de l'avenue de Villiers, au début, quand je suis entrée dans la maison, en trente-huit, tout juste avant les accords de Munich. Évidemment, Dolorès, les accords de Munich ça ne vous dit rien, bref avant la Seconde Guerre mondiale.

Quand je pense à l'avenue de Villiers, je pense à Madame.

Vous n'imaginez pas comme elle était charmante. Les photos ne lui rendent pas justice. Le charme qui se dégageait d'elle n'a laissé de traces que chez ceux qui l'ont approchée. Vivantes, tenaces. Quand je pense à Madame, j'ai toujours un sanglot, pourtant Dieu est témoin qu'elle m'en a fait voir.

J'avais vingt-six ans, j'allais me placer pour la première fois, je n'en menais pas large et je ne souhaite cette épreuve à personne. Ça n'est pas à vous que je devrais le dire, Dolorès, mais je vous le dis quand même, parce que c'est ce que je pense, et que peut-être, vous le pensez aussi.

J'étais jolie femme, je le savais, mais je savais aussi que pour trouver un emploi de gouvernante il ne fallait être ni trop belle, ni trop bien mise. Ce jour-là j'ai été très attentive à ce que ma tenue reflète la modestie de ma position. Née dans le camp des patrons, j'en avais été chassée depuis peu, et ce que je venais chercher, ce jeudi dix juin mille neuf cent trente-huit, 27 avenue de Villiers, au domicile de Monsieur et Madame Treives, dans le dix-septième arrondissement de Paris, loin de mon Versailles natal, c'était une place de domestique.

Manteau beige, chaussures lacées à talons plats, petit chapeau porté en avant du front, façon calot militaire, j'étais très présentable pour une future gouvernante, une « housekeeper », comme on disait dans le monde. Mes cheveux dorés, qui, défaits, me tombaient en lourdes boucles jusqu'au milieu du dos, étaient nattés et coiffés en un strict et imposant chignon. Du reste, c'est ainsi que vous m'avez toujours connue. Aujourd'hui mes cheveux sont blancs et rares, la peau de mon crâne est visible au travers, et ils touchent à peine mes épaules.

L'hôtel de l'avenue de Villiers avait été bâti à la fin du dix-neuvième siècle, au temps de l'irrésistible ascension de Salomon Treives, le fondateur de la fortune, homme d'affaires sans scrupule, amateur d'art, bon père, et bon mari. La maison avait été dessinée par Guimard et décorée par Lalique, c'est vous dire. Vous ne connaissez ni Guimard ni Lalique, je ne les connaissais pas non plus, mais aujourd'hui je sais de quoi je parle. Avec le temps j'ai appris à connaître les belles choses, celles qui ont de la valeur en tout cas. Cette maison était un écrin pour Madame, elle lui allait à ravir. L'hôtel a été rasé en mille neuf cent cinquante-deux, soi-disant pour recommencer une nouvelle vie, tâcher d'oublier les années noires. Pensez donc, oublier... Ils ont fait construire à la place un immeuble de rapport. Pour gagner de l'argent ils s'y entendent. Quand nous avons quitté la maison, j'ai perdu Madame pour la seconde fois.

L'entretien avait été fixé à trois heures. Je ne connaissais pas Paris. Ma famille, berrichonne des deux côtés, passait l'hiver à Versailles et l'été à La Châtre depuis toujours. Deux ou trois fois l'an, j'accompagnais ma mère voir un spectacle à la Comédie-Française ou écouter un concert salle Gaveau. Ma fréquentation de la capitale s'arrêtait là et je n'en demandais pas davantage. Le grand Paris, son métro, ses élégantes, ses métèques et son vacarme m'effrayaient.

Voisin du potager du Roy, notre appartement versaillais donnait sur l'esplanade de l'église Saint-Louis, qu'animaient les mariages, les enterrements et les processions. De crainte d'être en retard, je l'avais quitté à midi pour attraper le train de midi trente-cinq à la gare de Versailles Rive-Droite. Le temps était radieux. Gare Saint-Lazare, un autobus à plate-forme m'avait menée dans les beaux quartiers, au coin du boulevard Malesherbes et du boulevard de Courcelles.

À une heure et demie je marchais avenue de Villiers, transpirante et anxieuse, ne sachant que faire de moi-même. Dans ce coin de Paris, les avenues sont larges, tranquilles, bordées de grands arbres, les immeubles gris se ressemblent tous, ils plastronnent, bourrés de billets de banque, de coupons, de bons du Trésor et de petits sacs de jute pleins d'or. L'argent suinte de partout. C'est un bon coin pour les domestiques, j'ai eu le temps de m'en rendre compte par la suite. Les quelques pas amorcés boulevard de Courcelles m'avaient conduite jusqu'aux grilles du parc Monceau, qui est à l'image du reste, opulent, soigné et sans esprit. Je me suis assise à côté d'une nounou et de son landau qui m'inspiraient confiance, près d'un rosier grimpant à grosses fleurs rouges, comme ceux de notre maison de La Châtre.

Ma détresse était immense, la nécessité l'était davantage. Ma mère m'avait donné un mois pour trouver un travail et partir de chez elle. Quand vous êtes arrivée d'Espagne, Dolorès, il y a combien, trente-cinq, quarante ans ? vous aviez seize ans. Tous les soirs vous pleuriez dans votre lit avant de vous endormir. Le chagrin d'avoir quitté les vôtres et votre pays ne vous lâchait pas. Vous appeliez votre maman à haute voix, en espagnol. De la chambre mitoyenne où je dormais, je vous entendais, et je venais vous consoler. Je vous disais que votre maman vous aimait, qu'elle pensait à vous, et que vous alliez la revoir pendant les vacances. Un peu plus de vingt ans auparavant, assise sur ce banc du parc Monceau, je ne pouvais pas appeler ma mère au secours. C'était elle qui me chassait, qui ne voulait plus me voir, et ne m'adressait plus la parole depuis qu'elle m'avait donné un mois pour faire mes valises. Encore bien bonne, disait-elle, de m'avoir laissé un délai, quand elle aurait dû me jeter sur le trottoir à la minute même. C'était comme ça dans le temps, à cet égard les mœurs ont changé et c'est tant mieux. Pour le reste c'est une autre affaire.

L'heure est arrivée, j'ai sonné au portail de l'avenue de Villiers, mobilisant toutes mes forces pour maîtriser le tremblement de mes membres. Avec succès, car je dois à mon éducation de savoir me tenir, chose utile quand on est domestique et qui, malheureusement, vous fait défaut. Vos célèbres colères ne vous ont pas toujours été propices. Combien de fois ai-je dû intercéder en votre faveur, vanter vos qualités et vos mérites pour faire oublier vos accès de fureur, vos emportements et vos mots grossiers ?

L'homme qui m'a ouvert était en livrée. C'était un grand et bel homme, cheveux blancs et raie au milieu. Différemment vêtu, il aurait fait un maître de maison très acceptable. Le hall était immense, éclairé par un dôme en vitraux de pâte de verre, œuvre conjuguée de Guimard et Lalique. Le tapis qui couvrait la totalité de sa surface venait directement du palais de Soliman le Magnifique. Encore quelqu'un que vous ne connaissez pas, mais enfin il est trop tard pour perfectionner votre éducation, je vous en ai déjà beaucoup appris.

Conçu à l'image d'un patio, le hall desservait les pièces de réception au rez-de-chaussée. Il en partait, à gauche du fumoir, un large escalier de marbre conduisant à la galerie qui donnait sur les appartements privés. Le luxe et le raffinement des lieux m'ont souverainement déplu. Ils me déplaisent encore. Aujourd'hui, soixante-cinq ans plus tard, la vieille maison du Berry, le sombre appartement versaillais, l'un comme l'autre froids, humides, encombrés de mobilier noirci par trop de cire, me manquent toujours. Nous sommes des exilées vous et moi, voilà pourquoi nous nous comprenons, quoique si dissemblables. Nous avons vécu le plus clair de notre vie loin de notre pays d'enfance. Je ne reverrai pas le mien.

Le maître d'hôtel m'a conduite dans un petit salon. « Madame va vous recevoir. » Pas un sourire, à peine un regard. Inutile de faire des frais, j'étais de sa race.

Elle ne m'a pas fait attendre. Dès le pas de la porte, elle souriait, la main tendue, aimable, affable. « Vous êtes Mademoiselle Drot. » Nous avions le même âge, c'était notre unique ressemblance. Forcément elle était élégante, bien faite aussi, avec de longues jambes, des chevilles et des poignets très fins, des mains délicates, des doigts qui n'en finissaient pas, un visage ravissant, animé, une peau fine, rose et dorée, des cheveux courts, châtain clair, soyeux, bouclés, qui bougeaient à chaque mouvement de tête. Mais ce qu'on voyait d'abord c'étaient les yeux immenses, l'iris aigue-marine cerclé de noir, brillants sous de longues paupières, et rieurs. Car c'était une rieuse, une coquine, c'est ainsi qu'elle vit dans mon souvenir.

« Asseyons-nous, Mademoiselle Drot. Vous n'avez pas de références, vous n'avez donc jamais travaillé ? – Non, Madame, jamais. Des revers de fortune me contraignent à prendre un emploi. »

Le ton de ma réponse indiquait clairement que là-dessus je n'en dirais pas davantage. Quatre ans après, dans la tourmente, j'ai risqué la mort pour elle, mais elle n'a rien su de ma vie. Elle n'aura connu de moi que la gouvernante. La qualité d'un bon domestique se mesure à son silence envers ses patrons comme avec ses pairs. C'est la règle.

J'étais sans argent, sans maison, cet emploi il me le fallait. J'ai fait l'article, et l'article c'était moi. Mains croisées sur les genoux, yeux baissés, j'ai vanté mes qualités, tout ce qui est inculqué aux filles de la petite noblesse de province pour en faire des maîtresses de maison pieuses et économes. J'ai décliné les devoirs, détaillé les tâches, de la cuisine à la lingerie, de l'office à la buanderie, des conserves aux confitures, en passant par l'armoire à pharmacie, les courses et les réserves. Et le personnel, comment le tenir en main, le surveiller sans relâche, faire respecter les maîtres. Tout ce qu'il faut pour inspirer confiance. Ne vous y trompez pas, Dolorès, il y avait du bon dans cette économie ménagère, pas de gaspillage, pas de coulage, des armoires et des vaisseliers en ordre. Les torchons et les draps numérotés, la liste de la batterie de cuisine à jour dans le tiroir du buffet, avec le carnet de comptes et le cahier des menus, bref, la vie domestique conçue à l'image de la vie militaire. Après tout, la seule occupation tolérée dans ce qui avait été ma famille était le métier de soldat.

Elle en a eu son comptant, Madame Ernest Treives. Selon son habitude, elle a ri. « C'est parfait. Vous commencez demain. Je vous prends à l'essai, Mademoiselle Drot. » L'essai a duré soixante-cinq ans.

Dans la rue, j'ai frissonné malgré la grosse chaleur de juin qui promettait de l'orage pour le soir. Pour la première fois de ma vie, humiliée, honteuse, je suis entrée dans un café, Le Canon de Villiers, place du Professeur-Gobeau, au coin du boulevard des Batignolles, là où, sans transition, le quartier devient presque populaire. Vous pensez bien que ce jour-là je n'avais pas la tête à la sociologie urbaine, c'est néanmoins ce changement d'atmosphère qui m'a autorisée à pénétrer dans cet établissement pour m'y asseoir et me reprendre. Par ce beau temps, la terrasse était pleine, j'ai préféré la salle presque vide, à l'abri des regards. Un garçon en chemise blanche, gilet et long tablier noir est venu prendre ma commande. « Qu'est-ce qu'elle veut la petite dame ? un chocolat avec cette chaleur ? » Sa familiarité m'a semblé détestable.

De retour à Versailles je suis rentrée dans l'appartement par la porte de service comme ma mère me l'avait ordonné, bientôt je ne connaîtrais plus d'autres entrées que celles-là. J'ai rejoint ma chambre et j'ai fait mes valises. J'ai quitté la maison le lendemain matin vers huit heures, après avoir bu un café au lait presque froid que ma mère avait charitablement laissé pour moi sur la table de la cuisine. Trop tôt pour les mariages et les processions, trop tôt même pour les enterrements, la place Saint-Louis était vide et il faisait déjà chaud.

Je suis revenue souvent à Versailles, de juin trente-huit à février cinquante-neuf, vingt et un ans de rang, sans jamais retourner place Saint-Louis.

Vous me connaissez, Dolorès, je suis une femme de caractère, il en faut beaucoup pour m'abattre. J'ai serré les dents, soulevé mes valises qui étaient lourdes et j'ai pris la route. À neuf heures je me suis présentée à la grande porte du 27 avenue de Villiers. Le même homme que la veille m'a ouvert. Un tablier bleu tombant jusqu'aux pieds remplaçait la livrée. Il m'a conduite à la cuisine, en me précisant que dorénavant je devrais emprunter la porte de service, à quelques mètres à droite de l'entrée principale.

J'avais déjà entendu ce refrain, j'ai pris bonne note.

Passé le hall magnifique et les salons somptueux, on arrivait aux pièces de service, carrelées, claires, grandes, bien tenues et froides, n'ayant rien à voir avec les cuisines sombres et les offices étriqués que j'avais connus jusque-là. Dans les salles d'attente du dentiste et du docteur des magazines montraient de ces demeures exotiques, mais je n'avais jamais imaginé y mettre les pieds, moins encore y être gouvernante. Car j'en étais là, j'étais la gouvernante, à l'essai, des très riches et très élégants Monsieur et Madame Ernest Treives.

Ils m'attendaient, visages fermés, hostiles, méfiants. Ils ne me rateraient pas. Il y avait la cuisinière et la fille de cuisine, le second maître d'hôtel, Donald le valet de chambre écossais de Monsieur Treives qui était le seul à sourire, Marcel le chauffeur avec ses bons yeux, et le premier maître d'hôtel, l'homme aux cheveux blancs qui faisait office de majordome. La femme de chambre de Madame n'était pas encore descendue. L'exercice était d'autant plus périlleux que j'étais la plus jeune, à l'exception de la fille de cuisine. Je vous certifie n'avoir rien laissé paraître de la grande peur qui me tenait. Je ne demandais ni amitié, ni complicité, ce que je devais obtenir c'était la crainte, le respect. J'ai inauguré pour la circonstance un sourire aimable, froid, et sans expression qui a fait ses preuves par la suite, et j'ai pris la parole.

« Je suis Mademoiselle Drot, la nouvelle gouvernante. Je vous serais reconnaissante de vous présenter l'un après l'autre et de m'indiquer vos fonctions. Je ne retiendrai pas vos noms du premier coup, mais ma mémoire est bonne, j'y parviendrai vite. » Il est toujours utile de faire savoir qu'on a de la mémoire, surtout quand c'est le cas, et vous savez que la mienne est excellente.

Le mien de prénom ils ne l'ont pas su, ni mon nom dans son entier, avec sa particule. Ils n'en avaient pas besoin.

Un quart d'heure plus tard le rire de Madame a annoncé son arrivée. Accompagnée de sa femme de chambre, elle m'a fait visiter le quartier du personnel, a demandé qu'on me montre ma chambre et qu'on m'aide à monter mes valises. Elle me verrait d'ici une demi-heure, dans le petit salon, pour les ordres.

Presque carrée, pas vilaine, ma chambre se trouvait sous les combles, à l'étage des domestiques, elle m'a plu immédiatement. Du chien-assis on voyait le faîte des arbres du square Malesherbes, des platanes comme je les aime. Elle était meublée d'un lit-cage, d'une table avec sa chaise, d'une armoire en pitchpin, d'un miroir encadré de bambou, et d'une carpette posée sur les carreaux passés au siccatif. Il y avait aussi un lavabo avec eau froide et chaude, confort inconnu de moi jusque-là, un radiateur minuscule, et en prime, la petite chaise.

Les fenêtres du petit salon, grandes ouvertes sur le jardin, laissaient voir une pergola où se mêlaient rosiers grimpants et clématites, un Steinway quart-de-queue occupait un angle de la pièce. Chez ma mère les pianos de la marque Pleyel étaient droits et mal accordés. Madame était en tenue de ville, à demi allongée sur une marquise brisée, dans une de ses pauses un peu abandonnées et retenues à la fois dont elle était coutumière, et dont je n'ai jamais su si je les trouvais exquises, exaspérantes, ou les deux.

Dès les commencements Madame a eu le chic pour me mettre en porte-à-faux.

En clair ma tâche était simple. Je devais la décharger de tout, de sorte qu'elle puisse se consacrer entièrement au golf, au chant et aux mondanités. Je n'en suis pas revenue. Rien que du plaisir, et pas un devoir, à l'exception d'un petit après-midi par mois passé dans une pouponnière du dix-huitième arrondissement, fondée par son beau-père. Ne croyez pas que je l'enviais, Dolorès, au contraire, je l'ai plainte de tout mon cœur. Ces existences futiles, vides et sans but sont des punitions du ciel. C'est mon opinion aujourd'hui comme hier.

Conscienciease néanmoins, elle avait couché

par écrit le nom des domestiques, leurs fonctions, et leurs emplois du temps. Les livres des menus, des recettes, et les plans de table étaient à ma disposition, ainsi que la liste des fournisseurs, qui était interminable, vu qu'à chaque denrée correspondait le commerçant idéal, qui aussi bien tenait boutique à l'autre bout de Paris, quand ça n'était pas dans une lointaine banlieue, comme le lait, qu'elle faisait venir de la ferme de la Ronce à Ville-d'Avray. La cuisinière faisait les commissions chez les commerçants du quartier, Marcel, le chauffeur, que vous avez connu à votre arrivée en France, se chargeait des courses plus éloignées. Je prendrais les ordres auprès de Madame le matin. Ce mode de vie me confondait.

Faire tourner la machine, assurer le bon fonctionnement de ce temple du luxe, du raffinement et des loisirs, sans chercher à comprendre ou à juger, était mon unique salut et, en cette circonstance comme dans beaucoup d'autres, les valeurs militaires de ma famille et mon éducation chez les sœurs m'ont bien servi : j'avais été dressée à l'obéissance. Dans ma prière du matin j'implorais la Sainte Vierge d'intercéder auprès de son fils pour qu'Il me donne la force de faire appliquer la règle de ces sauvages. Sincèrement, Dolorès, c'est ce que je pensais, et cela ne faisait que commencer.

L'apprentissage fut si rude, si étrange, que pendant la première semaine, je n'ai pensé à rien, absolument concentrée sur ce que je devais faire pour anticiper les demandes, éviter les pièges, observer sans relâche, et apprendre, apprendre encore. Trop fatiguée pour faire mes prières du soir, je tombais sur mon lit entre minuit et une heure et je me dressais à six, dès que le réveil sonnait. Jusque-là les cloches de l'église Saint-Louis m'avaient donné l'heure. Elles me manquaient cruellement. Au bout de huit jours, j'ai enfin pu prendre le temps de dire un « Pater » et un « Ave » avant de m'endormir, agenouillée sur la petite chaise où vous êtes assise à présent. Je suis croyante. Vous verrez, vous qui croyez aussi, que cela n'empêche pas d'avoir peur de la mort.

C'est avec le personnel que ce fut le plus dur. L'essentiel pour une gouvernante est de pouvoir compter entièrement sur sa brigade et, pour ce faire, de trouver le bon équilibre entre contrôle et confiance. Cette fonction tient du commissaire de police, de la mère supérieure et de la maîtresse d'école. Il faut espionner, connaître, comprendre, punir, récompenser et, une fois les choses en place, déléguer. Quand vous êtes arrivée, je dominais la question depuis un bon moment. Du reste, à l'heure qu'il est, Dolorès, je me repose entièrement sur vous.

Les réceptions aussi m'ont donné du mal. Quel tintouin, quelles dépenses pour nourrir et distraire les amis de Madame et de Monsieur. Les dîners, les cocktails, les bals costumés, les concerts de musique de chambre. La guerre était à nos portes, et ces gens-là ne pensaient qu'à s'amuser. Vous me direz ce que vous voudrez, mais cette guerre ils l'ont bien cherchée, en tout cas ils n'ont rien fait pour l'éviter. Tout ce falbala était bon, paraît-il, pour les affaires de Monsieur. Quand on est un marchand d'art d'envergure internationale, on reçoit. Si j'en juge par le succès de ses affaires, c'est vrai.

Monsieur, Dolorès, je n'en ai pas encore parlé, et c'est normal. Au début je n'ai pratiquement pas eu affaire à lui. Lorsque je le croisais dans les couloirs, il me saluait, toujours avec courtoisie. À l'occasion il me demandait de mes nouvelles et partait sans attendre la réponse que je ne faisais pas mine de donner. C'était un géant blond, alluré. Ses yeux inexpressifs, d'un bleu pâle et liquide, étaient bordés de longs cils clairs, quelques taches de rousseur marquaient ses pommettes et ses mains. Des cheveux fins et rares, peignés en arrière, découvraient un vaste front bosselé. Ses costumes et ses chaussures étaient admirables.

Les Drot ont de l'orgueil, Dolorès, et j'étais dans le besoin, je ne pouvais que réussir. En un mois et avec le sourire, je me suis rendue indispensable.

Un train de vie comme celui-là faisait circuler beaucoup d'argent. Des sommes insensées. Une fois la semaine, je voyais les domestiques un par un pour qu'ils me rendent compte de leurs dépenses. Je les recevais dans une petite pièce qui m'avait été dévolue à côté de l'office, triste et mal éclairée par une étroite fenêtre à barreaux donnant sur la rue.

Ce jour-là, la cuisinière et moi étions assises de part et d'autre de la table en bois blanc qui me servait de bureau. Je l'ai reprise sur le marché de la veille, gros marché pour un dîner de quinze personnes, avec homard à l'américaine, pigeons en timbale et la suite. Il manquait un franc. La cuisinière était insolente. Elle me lança : « Vous êtes youpine vous aussi, pire que les patrons, ma parole. » La foudre entrant dans la pièce n'aurait pas eu sur moi plus d'effet. « Je vous prie de garder vos réflexions pour vous. » Aujourd'hui encore, Dolorès, je rends grâce au Seigneur de n'avoir pas poussé un hurlement.

Des juifs.

J'étais atterrée.

À cet instant la sonnette a retenti et le boudoir de Madame s'est affiché au tableau. Je suis sortie de mon bureau, j'ai traversé le hall et j'ai monté l'escalier comme une mécanique. Je ne m'appartenais plus. Le boudoir était à l'étage, à côté de sa chambre, donnant sur le jardin. « Qu'avez-vous, Mademoiselle Drot ? vous n'avez pas l'air bien. » Elle était assise à son secrétaire, devant la fenêtre entrouverte, en tailleur de lin bleu ardoise et chemise à jabot de dentelle, balançant au bout de ses jambes croisées un pied ravissant, chaussé d'un escarpin lacé jusqu'au-dessus de la cheville. Elle portait souvent du bleu à cause de ses yeux. Son charmant visage était levé vers moi, étonné, interrogateur.

« Ça n'est rien, Madame, un mal de tête passager. » Ma voix était blanche.

Comment aurais-je pu deviner ? Seule la grâce la distinguait des autres femmes. Mon regard allait de çà, de là, soupçonneux, il se portait sur les meubles, les tableaux, les objets. Je cherchais des indices, je n'en trouvais pas. Le mobilier de Ruhlmann, les gouaches de Sonia Delaunay me paraissaient d'un modernisme outrancier sans que cela fasse nécessairement de leurs propriétaires des descendants de Judas. Inquiète, Madame continuait de me dévisager.

« Que se passe-t-il ? »

Elle s'est levée et s'est avancée, tendant vers moi une main secourable, comme pour me prendre le bras, me soutenir. C'en était trop. Cette juive ne devait ni me toucher, ni même m'approcher. Le chagrin, la fatigue, la tension accumulés ont eu raison de l'empire que j'exerçais d'ordinaire sur moi-même. Je me suis évanouie.

Dans le boudoir de Madame, pour la première et la dernière fois de ma vie, j'ai bel et bien perdu connaissance. Je suis tombée à ses pieds sur l'épaisse moquette bois de rose.

J'étais étendue sur un lit quand je suis revenue à moi. Pendant un moment qui m'a paru long, je ne savais plus quel était mon nom ni où je me trouvais. Un oiseau a chanté et ma mémoire m'est revenue tout entière. Brutalement, comme une gifle.

De fille de famille, me retrouver servante du jour au lendemain m'avait paru un châtiment exemplaire, il faut croire qu'il était insuffisant. Non seulement j'étais désormais domestique, mais ceux que je servais étaient des juifs, et je n'en avais pas conçu le moindre soupçon.

Vous aussi Dolorès, la chose vous a contrariée quand vous l'avez apprise. Mais l'époque était autre et j'étais là pour vous rassurer.

Ainsi j'allais devoir chercher une autre place. À cette pensée mes forces m'ont lâchée, j'ai tourné la tête de droite et de gauche comme pour dire « non, c'est assez, je n'en peux plus, je suis fatiguée », et je l'ai vue, assise à côté du lit, sur la petite chaise.

« Ne parlez pas, ne bougez pas, il vous faut du repos. Le docteur Louvet est venu, il a aidé

Marcel à vous transporter dans votre chambre. Vous êtes exténuée. » Elle parlait bas.

Oui Dolorès, j'étais exténuée. Les larmes me sont venues, avec des sanglots de bébé qui me secouaient tout entière. Je n'avais pas pleuré depuis l'accouchement. J'oubliais, vous ne savez pas. Personne ne le sait et pourtant c'est la vérité. Quatre mois avant de me placer j'avais accouché d'une petite fille, une petite Marie-Cécile, à Versailles, chez les Visitandines de la rue des Réservoirs, cette jolie rue qui longe le mur du parc. Vous comprenez maintenant, pourquoi j'ai été si enragée à vous défendre quand Brahim vous a mise enceinte.

Madame a posé une main délicate sur mon épaule.

« Pleurez, Mademoiselle Drot, cela vous fera du bien. »

Qu'en savait-elle, Dolorès, que connaissait du malheur cette belle enfant gâtée ? Il faut croire que toute compassion est bonne à celui qui souffre. La sienne, quoique juive, m'a fait du bien. J'ai pleuré encore un peu en silence, et lentement, je me suis reprise. Quand j'ai voulu me redresser, elle m'a arrêtée d'un geste.

« Non, le docteur Louvet a ordonné le repos pour la journée. Vous devez garder la chambre.

On vous portera à dîner. Fermez les yeux, dormez, je vais rester près de vous. »

Nous étions mardi, jour de bridge. La domestique en moi a repris le dessus.

« Mais Madame, votre partie ? »

Elle a ri. « Ils se passeront de moi pour une fois. » Ce jour-là elle a marqué un point. Le lendemain matin, j'ai repris mon travail comme si de rien n'était, plus impassible que jamais. Fidèle à la réputation de « fière » que je m'étais faite auprès du personnel, j'ai opposé à ceux qui demandaient de mes nouvelles des réponses aussi courtoises que brèves. Ils n'y sont pas revenus.

Le jeudi suivant tout était apparemment en ordre, mon énergie intacte, mon trouble absolu. C'était mon jour de sortie, et, comme d'habitude depuis que j'en avais été chassée, je me suis rendue à Versailles.

Nous étions au début du mois de juillet. Il y avait des femmes en robe d'été à fleurs sur les quais de la gare Saint-Lazare, et des enfants, dont c'était aussi le jour de congé. Excités par la chaleur, ils couraient le long des wagons, sans écouter leurs mères qui leur criaient de se tenir tranquilles et de s'éloigner des voies.

De la gare Saint-Lazare à la rue des Réservoirs, il faut compter une heure, pas plus. La ville est petite, je marchais vite, cœur battant, yeux baissés, de peur de croiser une figure connue, de peur surtout de rencontrer ma mère, ou pire encore, le père de l'enfant. À trois heures, j'ai sonné au portail du couvent. La sœur tourière me connaissait. Elle m'a présenté le visage fermé réservé aux filles-mères, nombreuses à fréquenter la maison. La veille j'avais envoyé un télégramme à Mère Marie-Joseph, la supérieure, pour solliciter une audience.

« Allez attendre au parloir, la Mère va vous recevoir. » Je n'avais pas besoin qu'on m'indique le chemin. Les lieux m'étaient familiers, j'y avais vécu de mauvais moments. « Venez ma fille. » De la porte elle m'a fait signe de la suivre. Grande silhouette sèche, elle en imposait dans sa robe noire. Cinq centimètres de toile blanche et amidonnée dépassaient du voile, encadrant son visage comme un hublot. Elle était pâle, le front haut et étroit, le nez long, la bouche mince, de grandes joues plates et rectangulaires et de petits yeux noirs, ronds et vifs sous une quasi-absence de sourcils. Nous avons traversé le cloître sans parler pour rejoindre son bureau, à droite de la chapelle. Les buis étaient impeccablement taillés, la statue de l'Immaculée Conception, paumes ouvertes, tendues vers l'humanité souffrante, était ornée de rosiers d'Ispahan, corolles pourpres et feuillage sombre. Il y régnait une paix trompeuse comme dans tous les cloîtres. Le bureau était nu, parquet et boiseries de chêne foncé, une table, une chaise à haut dossier, deux autres pour les visiteurs, quelques livres, et dans l'angle, près de la fenêtre, un prie-Dieu aux pieds d'un immense crucifix espagnol en ivoire. Cette femme me faisait peur, mais j'avais en elle une confiance absolue.

C'était une femme juste, sans indulgence, sans complaisance, sans mièvrerie. Elle saurait m'indiquer la conduite à tenir. Elle m'avait déjà aidée en d'autres circonstances. Elle s'était tenue près de moi pendant l'accouchement, et elle avait recueilli mon enfant. Pour autant elle avait jugé ma conduite impardonnable, ne s'était pas privée de me le faire savoir et de me faire savoir également que ma punition était méritée.

« Que se passe-t-il encore, ma fille ?

– Je me suis placée chez des juifs, ma Mère, sans le savoir. Bien sûr, j'ai tout de suite vu qu'ils étaient sans religion, voués aux distractions et à la dépense, mais rien n'indiquait leur appartenance à la race, ni dans le physique, ni dans leurs manières, tout au plus des parvenus. Et il y a trois jours, j'ai appris par la cuisinière qu'ils étaient juifs. » Je ne le jurerai pas, Dolorès, mais il m'a semblé qu'au mot « parvenu » elle a esquissé un très léger sourire.

« Que faire, ma Mère, la place est bonne, la nourriture et le logement corrects. Je fais face à mon travail et je gagne ma vie. Que faire ? » Je ne m'étais pas trompée, elle souriait un peu.

« Que pensiez-vous, qu'ils avaient les oreilles taillées en pointe, les pieds crochus et qu'ils mangeaient des petits chrétiens le vendredi soir ? Méfiez vous des préjugés, ma fille, ils poussent comme le chiendent ces temps-ci. Servez-vous de votre tête qui n'est pas mal faite, et surtout de votre cœur. Nous sommes tous les enfants de Dieu, Il nous juge un par un, selon nos mérites, les juifs, les nègres et les autres. Lui seul condamne ou pardonne. »

À Versailles, chacun savait que la Mère avait les idées larges, et du reste beaucoup l'en blâmaient, mais là, elle y allait fort.

« Mais ma mère, ils ont assassiné Jésus. »

Elle a levé les yeux au ciel. « Leurs aïeux, ma fille, leurs aïeux. Votre condition est désormais celle d'une domestique. Restez là où le Bon Dieu vous a mise et contentez-vous de faire du mieux que vous pouvez ce travail qui vous permet de vivre et d'assurer l'éducation de votre fille. » Elle s'est levée et, me prenant le bras avec fermeté, m'a entraînée vers la porte. « Courez vite la voir, l'heure des visites est bientôt passée. » De son pouce osseux elle a fait sur mon front le signe de la croix. « Allez, et que Dieu vous garde. » Je n'avais pas refermé la porte qu'elle était à sa table, le nez dans des papiers. Sans lever la tête, elle m'a lancé : « Jésus, il était quoi selon vous ? » Je n'ai pas compris la question.

Soulagée de n'avoir pas à quitter mon emploi sur-le-champ, j'ai goûté l'agréable fraîcheur du large escalier de pierre qui conduit aux dortoirs. Il était glacial en février à la naissance de Marie-Cécile. Sœur Claire m'a ouvert la porte de la salle de la Providence, celle des tout-petits. « Dépêchez vous, il ne reste que vingt minutes. » Les filles, c'est ainsi qu'on nous appelait, étaient assises à côté des lits de fer, ou déambulaient, leur bébé dans les bras. La salle sentait l'urine et le savon, des enfants pleuraient. Marie-Cécile était couchée les yeux grands ouverts, tranquille dans les langes blancs, avec son petit crâne chauve, ses petites mains qu'elle tenait curieusement l'une sur l'autre. Elle avait cette expression de sérieux recueilli qu'elle a eu très vite, comme si elle était consciente de son sort. Je l'ai prise et je l'ai emmenée près de la fenêtre à barreaux d'où l'on voyait le ciel, le mur du parc et la cime des arbres. Je n'aimais pas mon enfant, elle était la cause de tout. Je la visitais chaque semaine par devoir, parce que la Mère m'avait dit de le faire. La cloche a sonné et les femmes sont sorties, certaines ne voulaient pas partir, d'autres comme moi étaient pressées de s'en aller.

J'ai couru du couvent à la gare, pour prendre le train de dix-sept heures vingt. Sur le marchepied, en tête du train, le contrôleur sifflait le départ. J'ai attrapé de justesse le dernier wagon et, tout essoufflée, je me suis assise sur le premier strapontin venu.

Il lisait *La Croix*, assis en face de moi de l'autre côté de la plate-forme, fume-cigarette entre les dents, rose, épanoui, prospère. Il a levé les yeux pour voir si la passagère tardive était à son goût et il a repris sa lecture. Je n'ai pas cillé. Les vingt-cinq minutes qui séparent Versailles de Paris ont duré très longtemps. Tout ce que j'avais admiré chez lui me répugnait maintenant, les cheveux blonds ondulés et gominés, la raie parfaite, les gants jaunes, le costume de La Belle Jardinière qui me semblait, il y a peu, le comble de l'élégance. Une assurance pleine de mépris se dégageait de cet homme qui n'avait ni pitié, ni remords. La nièce coupable ne faisait plus partie de la famille, elle ne méritait pas un signe de la tête, et qu'il soit le père de l'enfant ne semblait pas lui poser de cas de conscience. Car c'est ainsi, Dolorès, le père de Marie-Cécile, c'était mon oncle.

Je suis restée droite sur mon strapontin jusqu'au pont Cardinet, regardant au-dehors les pavillons de banlieue en pierres meulières, les jardinets et les potagers minutieusement entretenus, le cimetière du Val-d'Or et, plus loin, le grand Paris. Quand le train a ralenti, je me suis levée, comme pour me préparer à descendre, je me suis approchée de lui, et je lui ai craché au visage. Pour toutes les fois où il m'avait pelotée dans les coins sombres et pour la dernière, celle où j'avais cédé, dans ma chambre de jeune fille, un dimanche de juin, pendant que ma mère était à vêpres. À la vérité Dolorès, cet homme je l'avais aimé. C'était l'homme de la famille, il en restait si peu. Il avait sur mon père, mort à la guerre, l'immense avantage d'être vivant. La paix revenue, il avait pris sa place.

Le dimanche après la messe, il venait déjeuner chez sa sœur avec qui il s'entendait à merveille. Elle aurait pleuré bien davantage la perte du petit frère adoré qu'elle n'avait pleuré celle d'un époux imposé par arrangement.

J'avais quinze ans lorsqu'il a commencé à me prendre par les épaules, me serrer contre lui, me voler de petits baisers, me complimenter, m'apporter de menus cadeaux, ce qui devait beaucoup lui coûter, car à l'image de sa sœur, il était pingre. Longtemps il ne s'est agi que de cela, et je mentirais en disant que ses caresses, ses attentions me déplaisaient. Elles m'enchantaient, et dans ma naïveté insondable, stupide, coupable, je n'y voyais pas de mal. Le soir je le recommandais à la Sainte Vierge dans mes prières. Il n'y a pas eu viol Dolorès, j'étais consentante.

Lui non plus n'a pas cillé. Il a tranquillement plié son journal, s'est soigneusement essuyé la joue et le nez, et à l'arrêt complet du train, il est descendu.

Je suis rentrée chez les juifs après avoir fait quelques courses de mercerie, aiguilles à repriser et gros-grain. Au kiosque du boulevard Malesherbes et pour la première fois de ma vie, j'ai acheté un journal féminin, le *Jardin des modes*, que j'avais souvent vu traîner dans le boudoir de Madame.

J'étais libre jusqu'au dîner. Dans ma chambre, j'ai ôté mes souliers pour frictionner à l'alcool camphré mes pieds douloureux et puis, en attendant l'heure de reprendre mon service, assise sur la petite chaise, j'ai lu mon magazine. Sur la couverture, une femme en costume de bain rouge rayé de blanc et robe de plage assortie, les yeux abrités du soleil par une vaste capeline, rouge également, offrait un visage radieux. Un monde merveilleux s'annonçait. C'était l'été trente-huit.

Le lendemain nous partions pour le bassin d'Arcachon, les maîtres en voiture avec Marcel, le personnel en train avec des billets de troisième classe. Mon grade de gouvernante m'avait valu de voyager en seconde.

La vie à Arès, résidence d'été des Treives, ressemblait à s'y méprendre à celle de Paris, le grand air, la chasse et les chevaux en sus. Forte de mon expérience nouvelle, j'ai rapidement pris la maison en main. C'était une grande bâtisse Napoléon III en briques roses, avec des toits d'ardoise imposants et pentus, ornés en tous sens de clochetons et de girouettes en plomb. Du salon, un perron à double révolution menait à la prairie bordée de pins qui s'étendait jusqu'au bassin. Je m'y promenais pendant mon heure de repos. Je n'avais jamais été à la mer, Dolorès, le bassin m'en donnait un avant-goût. Le vol des oiseaux au ras de l'eau, les échassiers immobiles sur les piquets à huîtres, le va-et-vient des pinasses et des périssoires, les couleurs mordorées du Sud-Ouest, le rythme des marées, toutes choses étrangères à mon Berry, ont su me plaire.

À Arès les visiteurs étaient aussi nombreux qu'en ville, à ceci près qu'il fallait les coucher et les nourrir trois fois par jour, sans compter les apéritifs, les thés et les pique-niques. Ces gens-là pique-niquaient sans cesse, et chaque fois, Madame, ravie, battait des mains comme une petite fille. Je veillais à ce que les chambres soient toujours prêtes à accueillir amis et relations, et j'ai vite compris que pour Monsieur le mot « vacances » ne voulait rien dire. Ses affaires ne s'arrêtaient jamais, ses clients étaient ses amis, et vice versa. Il hébergeait les artistes dont il vendait les œuvres, pour leur faire prendre le bon air, les nourrir convenablement et contrôler l'avancement de leur travail. Par-dessus le marché, les membres de la famille, qu'on voyait peu avenue de Villiers, arrivaient en masse, attirés par l'océan, les huîtres et l'odeur des pins. La besogne multipliée par dix ne me laissait pas le loisir de m'apitoyer sur mon sort, et c'était tant mieux.

Un matin de la fin du mois de juillet, vers onze heures, je me trouvais à la lingerie au deuxième étage, occupée à plier et à compter les draps, quand Blanche, la femme de chambre de Madame, est venue me dire que celle-ci m'attendait en bas, au billard. Appuyée à l'immense cheminée, en chemisier de popeline claire, culotte et bottes de cheval, les gants à la main, prête pour la promenade, elle offrait au monde entier sa grâce et sa beauté. Je m'étais couchée à une heure et levée à six, j'avais mauvaise mine, des mèches s'échappaient de mon chignon, et je vous avoue Dolorès qu'à cet instant je lui aurais volontiers mis une paire de claques. « Bonjour Mademoiselle Drot, mon frère vient de m'appeler d'Angoulême, il arrive à La Teste à dix-huit heures vingt. Dites à Marcel d'aller le chercher au train, et préparez la petite chambre du pigeonnier, elle fera l'affaire. Nous devions être quatorze à table ce soir, n'est-ce pas ? Eh bien nous serons quinze, je sens qu'il va s'entendre à merveille avec nos invités ». Bien sûr elle a ri. J'avais aperçu son frère à Paris. Il était son cadet de peu, ils avaient les mêmes yeux, les mêmes cheveux, les mêmes couleurs, la même allure dégagée. La ressemblance s'arrêtait là. Lucien Wallabrègue était sombre, mal coiffé, mal habillé, bourru et, pour comble, il fumait continuellement des gitanes maïs qui empestaient et le faisaient tousser. C'était un juif d'un genre que je ne connaissais pas encore. Madame l'aimait, cela sautait aux yeux.

Il est arrivé en fin d'après-midi, jaune et chiffonné. C'est à peine s'il m'a saluée quand je l'ai conduit à sa chambre, me retirant brusquement des mains le sac de voyage défraîchi, que je m'apprêtais à porter.

Le maire de la commune et son épouse devaient se joindre pour le dîner au cercle des Parisiens en villégiature. À huit heures, de la fenêtre de l'office, où je me tenais pour superviser le bon déroulement de la soirée, je les ai vus pousser la grille et remonter l'allée jusqu'à la majestueuse marquise qui surmonte la porte d'entrée. Bêtement, Dolorès, les larmes me sont venues aux yeux. Leurs gestes économes, leurs vêtements ternes, bien repassés et mal coupés, ces gris, ces beiges, ces bruns, je les connaissais par cœur. Ceux de ma famille, ceux que je fréquentais autrefois, se tenaient et s'habillaient ainsi, et, s'ils avaient du bien, ils ne le montraient pas. Tout le contraire de ceux qui me payaient pour veiller à ce que leur vie de chaque jour se déroule de la manière la plus exquise, la plus élégante, la plus brillante possible, tâche à laquelle, étrangère à moi-même, j'excellais chaque jour davantage.

Aux environs de neuf heures, il faisait jour encore et le repas tirait à sa fin quand des éclats de voix sont parvenus jusqu'à l'office, des voix d'hommes. Dans le tumulte j'ai discerné celle de Monsieur, grave, traînante et un peu nasillarde. « Calmez-vous, Lucien, je vous prie de montrer envers nos invités la politesse élémentaire. » Le maître d'hôtel est revenu de la salle à manger, hilare. « Ça chauffe, si ça continue ils vont se mettre sur la figure. » J'ai quitté l'office pour regarder ce qui se passait par l'embrasure de la porte. La salle à manger était magnifique, cristaux, fleurs, argenterie, chandelles, linge blanc, larges portes vitrées ouvertes en grand sur la douceur du soir. Sur la desserte Régence, une armée de bouteilles de château-lafite mille neuf cent vingt attendaient d'être bues. Tout était en place.

Monsieur Lucien détonnait sérieusement. Debout, furieux, la serviette dans une main, il désignait de l'autre le malheureux édile assis à la droite de Madame, bouffi d'indignation et de nourriture, au bord lui-même d'exploser. « Les élus roupillent tranquilles, corrompus, inconscients du drame qui nous menace, qui va nous emporter. Le pays est en loques, nous allons être mangés tout crus, et ce sera votre faute et celle de vos pareils, vous êtes les complices objectifs de Hitler et de Mussolini. » Il a baissé violemment le bras, a heurté les verres qui se trouvaient devant lui et dans le même mouvement a brisé son assiette. Du sang a coulé de sa main sur la nappe blanche. « Cela suffit Lucien. » Madame s'est levée et s'est approchée de son petit frère, qu'elle a pris par le bras. « Viens. » De la porte de la salle à manger elle m'a hélée de sa voix charmante. « Mademoiselle Drot, soyez gentille de vous occuper de Monsieur Lucien, il s'est blessé. »

Je l'ai fait entrer dans mon petit bureau, j'ai avancé une chaise vers lui, l'invitant à s'asseoir. De sa main valide et maladroite, il a cherché dans la poche de son pantalon un mouchoir pour bander ses doigts. « Je vous serais reconnaissante de cesser de vous agiter, Monsieur, vous mettez du sang partout. » Il a suspendu son geste pour me regarder et a ri d'un petit rire grinçant, exact revers du rire délicieux de Madame. « Qu'est-ce que vous fichez ici, vous ? Vous n'êtes pas à votre place, depuis mon arrivée, je me dis que vous êtes une erreur dans le tableau. – Donnez-moi votre main, Monsieur. » J'ai pris la boîte à pharmacie dans la petite armoire où les clés étaient enfermées également. « La teinture d'iode va vous piquer. » Il insistait : « Vous n'avez pas l'allure d'une domestique, je m'y connais. » Il m'énervait, c'est peu de le dire. « Si Monsieur me permet, je lui ferai remarquer que c'est ma place puisque j'y suis. » Ses mains étaient trop chaudes, les veines trop apparentes. Cet homme me déplaisait. J'ai pansé avec dégoût les deux doigts entaillés qui saignaient abondamment tandis que, toujours furieux, il reprenait le fil de sa pensée. « Ils ne se rendent pas compte, êtes-vous pareille à eux ? N'avez-vous pas la moindre idée, vous non plus, de ce qui nous pend au nez ? »

À Versailles nous savions bien que la France était perdue depuis que le Front populaire avait bradé le peu qu'il en restait après la Grande Guerre. Pour votre information, Dolorès, le Front populaire c'était des rouges, dirigés par un juif, et les rouges, je ne les aime pas. Pardonnez-moi, je sais que votre grand-père était républicain et qu'il a été fusillé par les franquistes, mais c'est comme ça, on ne se refait pas.

« Ce que je sais, Monsieur, c'est que les Français ne pensent qu'aux vacances et aux bains de mer. Ils ont perdu le sens du devoir, de l'honneur et du sacrifice, la France est vendue à l'étranger et c'est bien dommage. » J'ai parlé d'une traite, avec une véhémence tranchant singulièrement sur la neutralité imposée par ma condition. Il m'a jeté de biais un coup d'œil amusé et je m'en suis voulu d'avoir trop parlé. J'avais jusque-là observé une réserve sans faille, ne laissant rien, absolument rien, paraître de mes idées ou de mes sentiments. Allez savoir pourquoi ma langue s'est déliée devant ce jeune homme antipathique. Vraisemblablement, parce que depuis des mois, personne ne me demandait plus mon avis, que j'en avais un, et qu'il me plaisait de le donner. Monsieur Lucien s'est levé, calmé, l'expression changée. « Merci de vos soins, Mademoiselle. » Il s'est approché et, soudain galant homme, m'a baisé la main. La scène était cocasse, je vous le garantis. « Je percerai votre mystère. » Il a quitté la pièce avec le sourire d'un homme s'adressant à une femme qui ne lui déplaît pas.

Quoique venant d'un individu de son espèce, parce que j'avais vingt-six ans, que j'étais seule, belle en pure perte et que je n'étais pas de bois, ce bref hommage m'a réconfortée. Il est parti tôt le lendemain matin. Madame est descendue lui dire au revoir sur le perron, c'était la première fois que je la voyais levée de si bonne heure. Elle frissonnait un peu dans sa robe de chambre de soie lavande, lui portait une canadienne comme on en voyait alors aux ouvriers. Pour des gens aussi différents, ces deux-là se ressemblaient étonnamment.

La vie mondaine a continué, lisse, huilée, sans âme. Monsieur, imperturbablement souriant et courtois, ne quittait son bureau où le téléphone sonnait sans cesse que pour une promenade à cheval en fin d'après-midi et des parties de chasse avec des hommes de la région. Au salon comme à l'office, la conversation roulait parfois sur une guerre prochaine à laquelle personne ne croyait. Ces discussions de café du commerce donnaient l'occasion aux uns et aux autres de régler quelques comptes personnels.

Le dimanche j'allais à la messe de huit heures. L'église, sur la place du village, faisait face à la maison des Treives, baptisée « château » par les gens du coin. Le curé de la paroisse y venait déjeuner chaque semaine, ce qui avait ajouté à mon trouble, car il était parfaitement à l'aise chez ces mécréants, dont l'absence aux offices ne le gênait pas le moins du monde. Il avait avec Monsieur Ernest de longues conversations, et jouait au bridge avec Madame et ses invités jusqu'à l'heure des vêpres. Le jeudi après-midi, par beau temps j'emportais un livre au bord du bassin, et, lorsqu'il pleuvait, je lisais dans ma chambre. Versailles était loin.

Début octobre nous avons regagné Paris. L'imminence de la guerre s'éloigna avec les accords de Munich. Les Français soupiraient de soulagement. J'ai repris ma vie parisienne, et les visites à ma fille les après-midi de congé. Lorsque je m'approchais d'elle les coins de sa petite bouche s'abaissaient. Ses pleurs ne cessaient plus, jusqu'à ce que Sœur Claire la prenne dans ses bras et lui parle à voix basse. « Là, c'est fini, Marie-Cécile, c'est fini. »

En quatre mois, l'hôtel de l'avenue de Villiers, le 27, comme disaient les familiers, était devenu le cœur de ma vie, et j'avais pris mes habitudes dans ce quartier cossu, paisible et morne. J'avais fréquenté d'abord l'église Saint-Charles-de-Monceau, dans les premiers numéros de la rue Legendre, à deux pas du 27. Ses paroissiens sont les plus riches de France, Dolorès. Mais, quoique ce fût moins commode, ma préférence s'était portée sur Sainte-Marie-des-Batignolles, plus bas dans la même rue, passé le chemin de fer, là où le dix-septième arrondissement a encore aujourd'hui des allures de village. Son intimité me plaisait davantage. Dans le chœur, au-dessus de l'autel, la statue d'une Sainte Vierge de plâtre peint apparaît, douce et tranquille, au milieu de gros nuages blancs et roses. Penchée vers les fidèles avec compassion et miséricorde, elle se détache sur un ciel de nuit tout piqué d'étoiles d'or. J'allais me reposer à ses pieds quand mon emploi du temps n'était pas saturé de commandes à passer, de rendez-vous à prendre, d'artisans à convoquer, de travaux à surveiller. J'avais choisi comme confesseur un jeune abbé timide, dont l'accent me rappelait les gens du Berry. « Il y a des braves gens partout », me disait-il lorsque les scrupules me reprenaient à l'idée de servir des juifs, ce qui, je dois le dire, arrivait de moins en moins fréquemment.

Mes journées de travail étaient plus longues que celles d'un manœuvre de chez Citroën. Pourtant, entre le square Malesherbes et la place du Docteur-Félix-Lobligeois, j'étais devenue une femme libre. Libre, parce que je touchais des gages, quand auparavant je rendais compte à ma mère de mes moindres dépenses, libre de me promener dans Paris, de traverser la passerelle menant à Sainte-Marie-des-Batignolles sans rencontrer de tête connue, ni croiser des regards inquisiteurs et malveillants, libre de rendre mon tablier, libre aussi d'exercer mon jugement dans un milieu qui m'était étranger, d'y confronter mes croyances et mes convictions à des opinions différentes ou opposées. Je m'étais changée en femme de la grande ville, et en dépit de tout, cela me convenait.

Le dimanche excepté, je prenais les ordres dans la chambre de Madame, avant qu'elle ne passe à sa toilette du matin, et j'en profitais pour remporter le plateau du petit déjeuner. Même riche comme Crésus, il aurait fallu me payer cher pour que je mange dans mon lit. Quoi qu'il en soit, il n'était pas question pour Madame Ernest de quitter la chambre avant dix heures, après avoir pris un long « breakfast » comme elle aimait à dire. Il lui fallait chaque jour un thé qu'on ne trouvait que chez Corcelet, rue du Quatre-Septembre, une orange pressée, des œufs brouillés au bacon, des toasts, du beurre et des confitures. Pour ma part je me contentais d'un bol de café au lait, et l'idée d'avaler toute cette nourriture au réveil me faisait venir le cœur au bord des lèvres, sans que cela m'empêche pour autant de veiller moi-même à ce que les œufs soient chauds, le thé fumant et les fruits frais.

Elle me faisait signe d'ôter le peignoir jeté sur le fauteuil et de prendre place. Je déposais la robe de chambre de vigogne ou de soie sur le montant du lit, et je m'asseyais bien droite, loin du dossier, carnet et crayon à la main, prête à noter. À la vérité, Dolorès, je parlais plus qu'elle. Elle se contentait de m'indiquer à quelles heures elle aurait besoin de la voiture, le rang et la fonction de ceux qui viendraient déjeuner ou dîner le lendemain de sorte que je puisse dresser le plan de table qu'elle superviserait le moment venu, et les fleurs à commander chez Moulié, rue de Bourgogne. Quant à moi, je lui soumettais les menus et les comptes, je la tenais au courant des problèmes avec le personnel et je l'informais de l'avancement des réparations et des aménagements toujours en cours dans ce genre de demeure. Consciente de ses devoirs, elle écoutait attentivement, ennuyée et sage. Petite silhouette assise dans l'immense lit doré de l'immense chambre à coucher, toute fraîche, gracieuse et nacrée, les cheveux en désordre et le visage nu, elle paraissait à peine quinze ans.

Nous étions rendus fin décembre, il avait neigé toute la nuit. Au matin je l'ai trouvée en chemise de nuit, pieds nus, devant la fenêtre ouverte. « Aimez-vous les jardins sous la neige, Mademoiselle Drot ? pour moi, c'est ce que je préfère au monde », m'a-t-elle dit sans se retourner. J'aurais aimé pouvoir lui dire à mon tour combien le parc de Versailles est admirable sous la neige et le givre, pour peu que le soleil brille, et combien ce spectacle me ravissait enfant, puis jeune fille. « Oui Madame, j'aime la neige. Retournez au lit, vous allez prendre froid », et j'ai refermé la fenêtre. Qui aurait imaginé que, dans cinq ans à peine, la neige l'accompagnerait jusqu'au jour de sa mort dans l'hiver polonais ? Pour l'heure, la vue des branches argentées se découpant sur l'ombre du jardin nous réunissait dans un plaisir semblable à celui que nous éprouvions petites filles dans les mêmes circonstances, il n'y avait plus ni maîtresse, ni servante. C'est cela, sans doute, qui l'a conduite à me complimenter. « Vos cheveux sont magnifiques, Mademoiselle Drot, défaits ils doivent vous couvrir comme un manteau. » J'ai souri sans répondre, la longueur de mes cheveux ne la regardait pas. En réalité Dolorès, ils étaient si lourds que parfois le soir, quand le travail avait été particulièrement pénible et que je devais les brosser puis les tresser pour la nuit, ce qui me prenait presque un quart d'heure, je songeais à les faire couper. Je ne m'y suis pas résolue.

La période de Noël m'avait apporté de nouvelles surprises. Dès la mi-décembre un immense sapin venu d'Arès avait été placé au centre du vestibule. Il sentait bon la résine. Dans l'après-midi du vingt-quatre, Madame l'a décoré avec grand sérieux, montée sur un escabeau, dont elle descendait et remontait sans cesse pour juger de l'effet obtenu, déplaçant une boule, rajustant une guirlande, ôtant une bougie. Elle m'avait avertie que, comme d'habitude, toute la famille viendrait déjeuner le jour de Noël, ce qui représenterait une tablée de vingt-trois personnes.

Peut-on m'expliquer pourquoi ces gens célébraient avec autant d'éclat la naissance d'un Dieu auquel ils ne croyaient pas et qui, de plus, leur avait apporté des ennuis considérables ? Cela me dépassait. Comme si elle avait deviné mes pensées, Madame avait ajouté : « Nous avons de tout dans la famille, Mademoiselle Drot, des juifs, des catholiques, des protestants, il manque des musulmans et des bouddhistes, il y en aura bientôt, je n'en doute pas. » Elle avait ri et, d'une voix moins assurée, avait murmuré : « Un enfant nous est né, c'est un message qui s'adresse à tout le monde, n'est-il pas vrai ? »

Le mien d'enfant, il était déjà né, et il passerait Noël sans sa mère.

La permission d'aller à la messe de minuit avait été accordée au personnel. Le dernier verre essuyé, j'ai couru vers Sainte-Marie-des-Batignolles où l'office avait déjà commencé dans une église pleine de bourgeois et de pauvres, qui habitaient encore dans Paris à l'époque. Noël chez les Treives vous connaissez, Dolorès, il y a longtemps que je me suis déchargée sur vous de cette corvée. J'en sortais épuisée et ulcérée par la quantité de nourriture, de cadeaux et de fleurs qui circulait aux dépens de tout recueillement. Je regrettais Versailles, sa piété et sa mesure. Le comble du luxe chez ma mère allait jusqu'à boire un bouillon de poule au retour de la messe de minuit et manger au déjeuner une dinde farcie aux marrons, accompagnée d'une unique bouteille de bourgogne d'un bon cru, car, au chapitre des vins, ma mère était imbattable.

Le lendemain de Noël était jour de congé pour les domestiques. J'en ai profité pour porter à ma fille quelques vêtements neufs, achetés dans une mercerie de la rue de Lévis. Jusque-là Marie-Cécile n'avait connu que les habits de l'orphelinat. À Versailles les rues étaient blanches et vides. Le temps d'arriver à la porte du couvent j'ai attrapé l'onglée, malgré mes grosses bottines et mes gants. Il y avait beaucoup de visites car les domestiques sont nombreuses parmi les filles-mères. Elles avaient travaillé la veille, il leur tenait à cœur d'embrasser leurs enfants à cette période de l'année qui leur est consacrée. Le vingt-six décembre mille neuf cent trente-huit, le petit sourire de Marie-Cécile n'a servi à rien, mon cœur lui était décidément fermé.

Plus d'un an, Dolorès, il y avait plus d'un an que j'étais domestique chez les Treives. Il m'arrivait de passer des journées entières sans penser à celle que j'avais été autrefois. Je faisais une excellente gouvernante que les amies de Madame lui enviaient et la guerre avait été déclarée le trois septembre mille neuf cent trente-neuf.

Monsieur Ernest, mobilisé, était revenu,

comme les autres, au bout de quinze jours. C'était la guerre, et pourtant, si les journaux, les chansonniers et la radio n'en avaient pas parlé, nous n'en aurions rien su, car la vie de tous les jours n'en était pas affectée le moins du monde. Les hommes dormaient avec leurs femmes, les assiettes étaient pleines et les maisons chauffées. Les Français affichaient un patriotisme bruyant, croyaient leur armée invincible et la ligne Maginot infranchissable. Seul le comportement de Monsieur Ernest aurait pu faire penser qu'il se passait des choses inhabituelles. Il multipliait les voyages et recevait, quand il était chez lui, des hommes dont les complets marron, usés et mal coupés contrastaient singulièrement avec ceux de ses interlocuteurs habituels. Marie-Cécile allait sur ses deux ans, Noël était de retour.

Quand Madame a crié, j'aidais René, le maître d'hôtel, à faire l'argenterie pour le déjeuner du vingt-cinq, nous n'étions pas trop de deux pour en venir à bout. Elle était tombée de l'escabeau et gisait au pied du sapin, roulée en boule comme une petite bête, une guirlande à la main. Je l'ai relevée avec précaution et, René d'un côté, moi de l'autre, nous l'avons portée dans la bibliothèque toute proche pour l'étendre sur le grand Chesterfield de cuir vert bouteille, face à la cheminée où brûlait une flambée. « Rien de cassé, Madame ? Voulez-vous que je vous apporte un thé ? » Ses lèvres étaient blanches et des gouttes de sueur lui coulaient le long des tempes. « Il faut appeler le docteur Louvet, Mademoiselle Drot. » Sa voix tremblait. Dans cette famille, Dolorès, vous l'avez constaté comme moi, on appelle le docteur pour un pet ou pour une quinte de toux. Une demi-heure plus tard il était là. Il est resté un long moment enfermé avec elle, se contentant de passer la tête à la porte de la bibliothèque pour réclamer un linge. « Faites porter Madame Treives dans sa chambre, elle doit garder le lit et ne pas poser le pied par terre de plusieurs jours. Je repasserai demain matin, appelez-moi au moindre saignement. » Madame était dolente ces derniers temps, elle se levait plus tard encore que de coutume et avait pratiquement renoncé au golf. Je n'y avais pas pris garde, il y avait d'autres choses à penser.

Je suis montée la voir. Étendue sur le lit, elle pleurait doucement, le visage dans les mains. « Je suis trop bête, Mademoiselle Drot. Comment ai-je pu grimper sur cet escabeau ? Si je perds le bébé, je ne me le pardonnerai jamais. » Je croyais rêver, elle attendait un enfant. Mariée depuis quatre ans, il avait fallu une déclaration de guerre pour qu'elle tombe enceinte. « Calmez-vous et restez tranquille, Madame, il en faut plus pour faire une fausse couche. »

La brutalité de ma réplique m'a échappé.

Pour avoir fait briller les carreaux, en équilibre sur un tabouret, plusieurs fois par semaine dans les débuts de ma grossesse, avoir monté et descendu les étages à toute allure et sous n'importe quel prétexte, porté des seaux de charbon et des brocs d'eau chaude à la place de la bonne qui n'en demandait pas tant, j'avais appris que les embryons ont la vie dure. « Pourquoi dites-vous cela ? » m'a demandé Madame avec un filet de voix. Je n'allais pas lui expliquer, mais franchement Dolorès cette grossesse tombait mal. Les vociférations de Hitler et la persécution des juifs outre-Rhin ne me semblaient pas de bon augure pour mettre au monde un petit Treives.

Le soir, agenouillée sur la petite chaise, j'ai recommandé Madame à la Vierge, sans savoir si je priais pour qu'elle garde son enfant ou pour qu'elle le perde.

Elle a eu la permission de se lever au bout de huit jours.

L'événement révélé et ses craintes dissipées, Madame ne cachait plus sa joie. La grossesse lui allait bien, avivant si possible un éclat déjà peu commun. Elle riait plus que jamais, ses vocalises emplissaient la maison. Elle commandait des fourrures et des robes vagues chez ses couturiers favoris, Goupil et Lanvin, et consultait le docteur Louvet deux fois par semaine. Elle ne supportait plus la viande rouge, exigeait du raisin muscat à chaque repas, et croyez-moi, dans le temps il n'était pas aisé de trouver du muscat à Paris au mois de décembre, et elle ne buvait que de l'eau minérale qu'elle faisait venir de Salies-de-Béarn. Bref, elle était odieuse, me portait sur les nerfs et, j'en jurerais, sur ceux de Monsieur également.

Sous l'effet conjugué de l'état de Madame et de la « drôle de guerre », comme on disait, les Treives recevaient moins. Il n'empêche, je ne montais jamais me coucher avant minuit, une fois la cuisine inspectée et l'emploi du temps du lendemain fixé. Les lumières restaient allumées dans le bureau de Monsieur, et j'entendais des bruits de conversations tard dans la nuit.

Madame ne songeait qu'à son bébé pour qui elle préparait une chambre et un trousseau de prince, Monsieur se faisait du souci. Pour moi, je payais ponctuellement la pension de Marie-Cécile, je déposais chaque quinzaine une petite somme à la Caisse d'épargne en pensant à l'avenir de l'enfant aux yeux tristes qui grandissait sous la protection de Mère Marie-Joseph. J'étais seule, Dolorès, et j'allais le rester.

« Vous êtes une irresponsable doublée d'une criminelle. » À chacune de ses visites, Monsieur Lucien provoquait un esclandre. Cette fois c'est à sa mère qu'il s'en est pris. Le vingt mars mille neuf cent quarante, veille du printemps, il y avait un déjeuner pour les vingt-six ans de Madame. Trois jours plus tôt j'avais touché mes vingt-huit ans sans que personne en sache rien. Un soleil jaune et joyeux faisait briller l'argent et le cristal du service à caviar qui trônait sur la desserte, entre les deux portes-fenêtres menant au jardin par quelques marches. Curieuse, j'ai recueilli trois grains sur le bout d'un doigt pour goûter à cette nourriture rare, et je n'ai toujours pas compris pourquoi on fait si grand cas de ces œufs de poisson dont Madame raffolait et qui coûtent le prix de l'or. Toujours est-il que la mère de Madame était au nombre des convives. On la voyait peu au 27. D'après les domestiques, Monsieur, qui l'appelait « Mère » d'un ton mat et uni, ne l'aimait pas. C'était une dame imposante, aux cheveux blancs, crantés, ramenés dans un filet en chignon sur la nuque. Elle portait en toutes circonstances un collier de chien en perles fines, digne de la Reine Mary, la Reine Mary était la grand-mère d'Elizabeth II, Dolorès. Le parfait contentement de soi et le mépris pour le monde entier qu'elle affichait me rappelaient le père de ma fille, ce qui ne me disposait pas en sa faveur. Qu'elle ait pu mettre au monde un être poétique comme Madame et un individu de l'espèce de Monsieur Lucien était un grand mystère que la personnalité du père aurait peut-être éclairé si je l'avais connu. Mais il était mort dix-huit ans plus tôt des suites de ses blessures de guerre.

Quand Madame recevait je me chargeais de porter le café au grand salon, pour soulager le maître d'hôtel et me tenir au courant. J'avais constaté que c'était un bon moment pour recueillir des informations, savoir comment allaient les choses entre Madame et Monsieur, qui était bien en cour, qui ne l'était pas, et autres renseignements indispensables.

Monsieur Lucien criait après sa mère. « Comment pouvez-vous soutenir des idées pareilles ? Si vous n'étiez pas juive vous seriez d'Action française, vous pensez comme eux, vous ne valez pas mieux qu'eux. » Les impertinences de son fils ne troublaient pas Madame Wallabrègue. « Je partage en effet certains de leurs points de vue. Quoi qu'il en soit je n'ai pas de comptes à te rendre, Lucien, tes opinions sont celles d'un voyou, et je te rappelle au passage, au cas où tu l'aurais oublié, que ma mère était catholique. »

J'ai pris mon temps pour poser le plateau sur la table basse à portée de Madame, de sorte qu'elle puisse remplir commodément les tasses que je passais à la ronde. Ainsi la grand-mère de Madame était catholique. Une bonne domestique ne s'étonne de rien, j'ai mis cette nouvelle dans ma poche avec mon mouchoir par-dessus et j'ai passé le sucre. Madame Wallabrègue a continué en remuant délicatement son café : « En dépit de tes éructations, auxquelles par parenthèses tu m'as bien habituée, je persiste à penser que la présence de ces étrangers sur notre sol est désastreuse. On ne peut comparer des familles israélites installées en France depuis des siècles avec toute cette racaille venue des Balkans. » Je partageais l'avis de cette femme désagréable. Monsieur Lucien a haussé les épaules avec un mauvais sourire. « Ma pauvre mère, je vous garantis qu'il y en a beaucoup qui ne se privent pas de le faire, et toi sœurette, tu choisis bien ton moment pour faire un gosse », a-t-il ajouté en se tournant vers Madame.

Monsieur se tenait coi près de la fenêtre, occupé à couper soigneusement l'extrémité de son havane, déterminé à ne pas se mêler de cette querelle familiale. Monsieur Lucien a tapoté affectueusement la joue de sa sœur avant de quitter la pièce. « Bon anniversaire quand même. » Je l'ai suivi pour lui donner son manteau. Il portait une casquette pied-de-poule pour faire populaire, sans aucun succès, vous pouvez me croire. Au lieu de passer le vêtement que je lui tendais, il m'a pris le menton de sa main trop chaude. « Alors Vieille France, fidèle au poste ? À bientôt Mademoiselle Drot, avec ma sœur vous êtes ce que je préfère dans cette taule. » Monsieur Lucien était le genre de garçon qui plaît aux filles malchanceuses en amour, si vous voyez ce que je veux dire. Avec ses allures souffrantes et ses yeux trop brillants, on avait envie de le mettre dans un bain chaud, de lui faire manger un bifteck saignant et de le consoler de la seule façon qui console les hommes. Je n'ai pas besoin de vous faire un dessin, Dolorès, parce que, si mes souvenirs sont bons, c'est exactement ce que vous avez fait avec Brahim, qui lui aussi avait de beaux yeux.

Avec Jacques, ce fut différent. Je prenais ma pause, comme vous, de trois à quatre ou de quatre à cinq, selon l'heure à laquelle s'était terminé le déjeuner. J'en profitais pour faire des courses, passer à l'église, et enfin, avant de rentrer, m'asseoir au Canon de Villiers où j'avais mes habitudes. Le garçon s'appelait Jacques. Il me saluait d'un clin d'œil et me lançait régulièrement : « Qu'est-ce que ça sera aujourd'hui ma petite dame, un chocolat peut-être ? »

Je vous l'ai déjà dit, Dolorès, j'étais belle. Malgré mes tenues anodines les hommes me regardaient, et j'avais plu à « Monsieur Jacques ». Il était prévenant, m'aidait à ôter et à remettre mon manteau, m'avançait une chaise et m'apportait ma consommation avant tout le monde. C'est un bonheur, lorsque l'on sert toute la journée, debout et en silence, de s'asseoir à un guéridon et d'attendre tranquillement d'être servie à son tour. Monsieur Jacques était séduisant. Bel homme, bien bâti, il avait le teint mat, les cheveux et les yeux noirs propres à certains Auvergnats, et un sourire à fossettes découvrant de superbes dents carrées et très blanches. Il respirait la grosse santé et le contentement de soi, tout le contraire de Monsieur Lucien. Mon expérience malheureuse et la morale chrétienne me tenaient à l'abri des faux pas, mais, que voulez-vous, j'avais vingt-huit ans, du tempérament et j'aimais les hommages. Durant des mois, le sourire et les attentions de Monsieur Jacques ont été ma récompense et mon réconfort.

Le quinze mai mille neuf cent quarante, il faisait beau. Les acacias du boulevard étaient en fleur, des femmes allaient jambes nues et, pour changer, j'avais commandé une orangeade. Les clients étaient peu nombreux à cette heure de l'après-midi, Monsieur Jacques s'attardait auprès de moi, son plateau et sa serviette sous le bras. Blagueur, il faisait des projets d'avenir en me regardant de ses beaux yeux rieurs. Il nous voyait mariés, propriétaires d'un restaurant sur les grands boulevards du côté de la Madeleine où il avait des connaissances, moi à la caisse, lui aux cuisines. « Je sais que vous en seriez capable, Mademoiselle, ça se voit tout de suite, et belle avec ça, nous ferions fortune, nous serions les rois du boulevard. » Je lui rendais son sourire et ses plaisanteries et j'aurais pu le prendre au mot, car il était plus sérieux qu'il n'y paraissait, à ceci près que Monsieur Jacques, pas plus qu'un autre, n'aurait voulu d'une fille-mère pour épouse, même bien née.

Un homme en chapeau melon est entré dans la salle, agitant au bout de son bras tendu la première édition du *Soir*. Intrigué, Jacques a cessé de plaisanter pour le dévisager. L'homme a hurlé : « Le front est rompu. » Un verre s'est brisé, et le patron qui faisait la vaisselle derrière le comptoir a dit « merde » à voix basse, chacun s'est tu, abasourdi, yeux écarquillés, bouche pendante, c'était impossible, cela ne se pouvait pas. Nous nous étions habitués aux bruits de guerre comme à une musique de fond désagréable, de là à imaginer qu'elle aurait lieu, il y avait un monde.

Un mois plus tard, presque jour pour jour, le quatorze juin mille neuf cent quarante, les Allemands entraient dans Paris.

Madame en était à son septième mois de grossesse. Sa joie avait laissé place à l'angoisse. Elle restait dans sa chambre, prostrée. Monsieur se taisait tout à fait, de temps en temps il serrait sa femme dans ses bras brutalement et en fermant les yeux.

L'hôtel des Voyageurs, petit immeuble en pierres meulières à trois étages, face à la gare de Saint-Léonard-de-Noblat, établissement modeste fréquenté généralement par des représentants de commerce, n'était pas exactement le genre d'hôtel où descendait la famille Treives en temps de paix. Le dix-sept juin quarante à cinq heures de l'après-midi, il était archicomble, on couchait deux personnes dans les chambres à un lit et quatre ou cinq dans les chambres à deux. Les malles et les paquets envahissaient le vestibule où régnaient une agitation et un bruit indescriptibles, couvrant le message radiophonique du Maréchal Pétain, qui annonçait de sa voix débile que la France cessait le combat.

Trois jours auparavant, le soir du quatorze, à minuit, comme je montais à ma chambre le service fini, lasse, accablée par les nouvelles, Monsieur était sorti de son bureau et m'avait fait signe de le rejoindre. Le matin même l'armée allemande avait défilé sur les Champs-Élysées, à deux pas de la maison. Sa table de travail était couverte de documents, prêts à être rangés, expédiés, ou brûlés dans la cheminée où, à sept jours de l'été, on avait allumé un feu. Il avait auprès de lui son ami intime Monsieur Chambard-Martin, un homme souriant qui me plaisait beaucoup. Ce grand bourgeois collectionneur était un commissaire-priseur en vue de la place de Paris, exerçant sa profession plus par goût que par nécessité, comme il l'aurait fait d'un art d'agrément. Il fréquentait assidûment l'avenue de Villiers.

« Mademoiselle Drot, je souhaite que dès demain matin vous et Marcel accompagniez ma femme à Arès. Elle ne doit pas rester à Paris dans son état. Je serai rassuré si vous êtes avec elle, elle aussi, car elle vous apprécie beaucoup. » Il ne m'avait jamais parlé aussi longuement.

Dans l'après-midi, j'avais tourné dans le quartier sans but précis, tâchant de mettre de l'ordre dans mes idées et de calmer l'agitation qui me gagnait. Des femmes en cheveux et des hommes en bras de chemise empilaient en se bousculant et en se querellant des valises, des caisses et du mobilier, sur des charrettes et des automobiles stationnées devant les portes cochères.

« Bien Monsieur. » La porte de ma chambre fermée, je me suis laissée tomber sur la petite chaise, effrayée par la perspective de me lancer le lendemain sur les routes de la France défaite, avec pour mission de mener à bon port Madame, enceinte de sept mois. Avant de me mettre au lit, j'ai écrit un mot à Mère Marie-Joseph pour lui annoncer mon départ, lui recommander

Marie-Cécile, et l'assurer que je ferais en sorte de payer la pension en date et en heure. Je lui donnais mon adresse à Arès.

La nuit fut mauvaise.

Les hommes de ma famille étaient des soldats, des guerriers. Durant des siècles, ils avaient fait le sacrifice de leurs vies pour le Roi, la France et pour Dieu. C'était leur lot, leur honneur et leur fierté. J'avais cinq ans à la mort de mon père, en dix-sept. Je me souvenais de lui, de ses moustaches piquantes et des boutons dorés de sa capote. Que notre armée ait été balayée d'un revers de la main, que les boches soient arrivés à Paris en vingt-neuf jours, en promenade, là où, en mille neuf cent quatorze, il leur avait fallu des mois pour gagner trois mètres de terrain, m'était une douleur inouïe, intolérable, pire que la mort d'un être cher.

J'avais domestiqué mon chagrin, j'avais accepté d'être bannie par un juste châtiment, mais que nos ennemis n'aient pas eu plus de difficultés à pénétrer jusqu'au cœur de la France qu'ils n'en avaient eu à croquer la petite Belgique était plus que je n'en pouvais supporter. Dans la nuit, j'ai appelé ma mère à voix haute. Notre chagrin et notre rage étaient les mêmes, je le savais.

Les douleurs ont commencé à la sortie de Poitiers. C'était à prévoir. À deux mois du terme, enfermée depuis trois jours dans une automobile roulant au pas, sous un soleil imperturbablement brûlant, cernée par une foule compacte et affolée, rien de tel pour déclencher un accouchement prématuré. Madame avait somnolé la plupart du temps, ne sortant de son mutisme que pour demander à boire. J'avais essayé à plusieurs reprises de lui faire manger quelque chose, sans y parvenir. Plus que jamais, même enceinte, elle avait l'air d'une enfant. Elle me faisait pitié, j'étais déterminée à faire le nécessaire pour que cette naissance se passe du mieux possible, mais une sourde animosité m'habitait à son endroit depuis la déroute. Je ne pouvais m'empêcher de voir en elle et ses coreligionnaires des ennemis de la France, cause, pour partie au moins, de la défaite, c'était plus fort que moi.

Certaine de ne pas arriver à Arès dans les délais nécessaires, Madame avait demandé à rejoindre une maison que des cousins de Monsieur possédaient au sud de Limoges. Il y aurait sans doute un médecin à proximité pour s'occuper d'elle. À plus d'une demi-heure du docteur Louvet, Madame ne se connaissait plus. Malheureusement, en temps de guerre, on ne fait pas ce que l'on veut. Malgré les itinéraires subtils de Marcel, la voiture n'avançait pas, les fuyards étaient partout, et les contractions se rapprochaient dangereusement. À deux kilomètres de Saint-Léonard-de-Noblat, elle a perdu les eaux.

Ma vie a été longue, avec de sacrés moments, celui-là parmi d'autres. C'est dans ce genre de circonstance que le partage se fait entre crapules et braves gens. Le Bon Dieu a voulu que la patronne de l'hôtel des Voyageurs, Madame Férié, fasse partie de la deuxième catégorie, je l'en remercie tous les jours. Les explications ont été superflues. Quand elle a vu Madame, recroquevillée sur elle-même, tenant son ventre à deux mains, avec son petit visage contracté et souffrant, elle n'a pas hésité. « Montez-la dans ma chambre, j'appelle le docteur. » Personne n'a su où le trouver, il était parti sur les routes, appelé par d'autres urgences.

Dans le temps, Dolorès, comme dans votre Castille natale quand vous l'avez quittée, un accouchement n'était pas une affaire. Les femmes s'en débrouillaient entre elles, les morts fréquentes des mères et des nouveau-nés étaient inscrites au nombre des fatalités. Madame Férié et moi, nous avons pris les choses en main. Nous avons posé Madame comme un ballot, sur le fauteuil Voltaire qui se trouvait là, nous avons recouvert le grand lit d'alaises et de draps, Madame Férié marmonnait que le matelas allait être sûrement taché, ce qui n'a pas manqué de se produire. Nous avons apporté les bassines et l'eau bouillante, stérilisé les ciseaux, déshabillé Madame et enfin, nous l'avons installée sur le lit, il était temps. Il faisait très chaud, la sueur me coulait dans le dos, sur le front et dans les yeux. Assise au bord du lit, je tenais Madame à demi couchée dans mes bras, j'épongeais son visage et son cou, tandis que Madame Férié, tout en lui maintenant les genoux écartés, l'encourageait à pousser, à s'arrêter, à reprendre son souffle, et à pousser encore. Les heures passaient, Madame souffrait, s'affaiblissait. J'avoue que, venant d'une enfant gâtée de son espèce, je m'attendais au pire, il n'en fut rien. Elle a travaillé courageusement, sans plainte, sans gémissement, à peine deux ou trois larmes silencieuses. Elle s'est bien tenue, c'est une justice à lui rendre.

J'ai repensé au mien, d'accouchement. J'ai revu comme si j'y étais la grande salle aux murs peints en marron foncé jusqu'à mi-hauteur et marron clair jusqu'au plafond, les lits-cages qui grinçaient, la suspension métallique dispensant une petite lumière jaune, le froid glacial de ce mois de février, les rideaux blancs que la sœur infirmière avait tirés et les cris monstrueux de cette autre femme qui accouchait en même temps que moi. Je n'ai pas crié, Dolorès, on ne crie pas chez les Drot. Je mordais mes lèvres et j'agrippais le matelas de mes deux mains quand la douleur revenait, plus rapprochée, plus forte chaque fois, tranchante, vicieuse, torturant le corps en son entier, du bas-ventre à la nuque. La sœur infirmière passait de l'une à l'autre pour surveiller le travail, indifférente, mécanique. Des pécheresses, elle en voyait tous les jours. La mort de femmes en couches était son ordinaire, et je n'avais même pas l'excuse d'être pauvre.

Je souffrais depuis cinq heures, mes forces et mon courage étaient épuisés, je n'en pouvais plus d'avoir mal et j'appelais silencieusement à l'aide. Mère Marie-Joseph est venue, elle a tiré une chaise près du lit, s'est assise, et elle a dit en me prenant la main : « Allons, Bénédicte, mettons-le au monde ce bébé. » Je me prénomme Bénédicte, Dolorès. Elle est restée jusqu'au bout, ni tendre, ni compatissante, simplement là. Ma fille pesait trois kilos, je ne l'ai pas regardée, je nous voulais mortes toutes deux.

Je tenais toujours Madame entre mes bras, de plus en plus pesante, haletante, le visage violacé, les yeux exorbités, au bord de perdre connaissance, et, à mesure qu'augmentaient ses douleurs, les mauvais sentiments que j'avais éprouvés à son égard depuis la défaite s'estompaient. Si Mère Marie-Joseph avait été là, elle m'aurait ordonné de venir au secours de Madame et de son enfant, comme elle-même l'avait fait pour moi et pour ma fille. J'ai pressé la main moite, fragile comme une patte de moineau, et j'ai dit : « Allons Madame, mettons-le au monde ce bébé. »

Maximilien pesait deux kilos six à la naissance, selon la balance de la cuisine de l'hôtel des Voyageurs. Pour un prématuré, c'était inespéré et bienvenu. Un tiroir de commode garni d'une pile de torchons a fait un berceau, et, trop fragile pour pouvoir supporter la moindre brassière, le nourrisson a été emmailloté dans du coton hydrophile que Madame Férié a réquisitionné auprès de ses clients et de ses voisins. Drôle de crèche pour un drôle de Jésus, né à minuit cinq, le dix-huit juin mille neuf cent quarante. Inutile de vous dire, Dolorès, que l'appel du général de Gaulle, je ne l'ai pas entendu, et Madame Férié non plus.

Jusqu'à l'aube, j'ai regardé le nouveau-né pendant que Madame se reposait dans le lit de la patronne. Il était vilain comme tout. Petit bout de viande fripée, un toupet de cheveux noirs sur le haut du crâne, des ondes de sentiments contradictoires passant et repassant sur le visage gros comme une noix, il m'a plu immédiatement. L'amour que j'avais refusé à ma propre fille deux ans et quatre mois auparavant, je l'ai donné tout entier à Maximilien le jour de sa naissance, et à jamais. Si quelqu'un peut en témoigner, Dolorès c'est vous. Du reste, vous aussi vous l'aimez bien, c'est un homme qui plaît aux femmes.

Comme de juste Madame n'avait pas de lait. Déclarer un nouveau-né sur la route de l'exode, en l'absence de son père, et trouver du lait d'ânesse pour le nourrir (au cas où vous l'ignoreriez c'est le seul qui convienne aux prématurés) n'était pas chose facile. À la mairie de Saint-Léonard, un fonctionnaire de l'état civil qui roulait les *r* a rédigé un acte de naissance un peu spécial. Il précisait que la déclaration de naissance de Maximilien Treives avait été faite par Mademoiselle Drot de Fézinzac, c'est mon nom, domestique, en l'absence du père, Ernest Treives, retenu à Paris pour cause de guerre. « Vous régulariserez plus tard. » Les communications avec Paris avaient été coupées, Monsieur Ernest ignorait qu'il avait un fils. Pour le lait, Madame Férié avait dépêché Marcel sur les chemins de la campagne avoisinante chez des fermiers de sa connaissance, avec ordre de payer le précieux liquide une fortune s'il le fallait. Marcel avait obéi de l'air buté qu'il empruntait dès lors qu'il ne s'agissait ni de mécanique ni d'itinéraire. Marcel n'était peut-être pas bien malin, Dolorès, mais c'était un grand cœur, et il a toujours été présent quand j'ai eu besoin de lui. Durant huit jours, j'ai nourri à la petite cuillère l'enfant trop faible pour téter.

J'avais donné le sein à Marie-Cécile parce que j'y étais obligée, dégoûtée par l'odeur du lait, indifférente, pour ne pas dire hostile, à ses progrès. Il en fut tout autrement pour Maximilien. Avec des précautions d'évêque portant l'ostensoir, je le descendais à la cuisine pour le peser. Chaque gramme gagné était une victoire personnelle que j'annonçais triomphalement à Madame. Bonne nature, il a rapidement pris des forces. D'un même mouvement Madame a retrouvé les siennes, son joli teint et le goût de la vie. L'énergie et le courage qu'elle avait montrés durant les longues heures de l'accouchement avaient révélé une petite femme tenace et déterminée. L'épreuve passée, la très charmante, la très frivole Madame Treives avait retrouvé son rire et, ravie, elle contemplait son enfant. Le monde, la guerre, les dangers n'existaient plus, son bonheur aurait été sans mélange si elle avait pu joindre son époux. Avec ses yeux innocents et son enfant dans les bras, elle faisait une jolie Sainte Vierge. Pour le reste elle s'en remettait à moi. « Faites pour le mieux Mademoiselle Drot, vous avez toute ma confiance. » Pour ça oui, elle me faisait confiance, elle dormait tranquillement la nuit pendant que je nourrissais son bébé, que je le changeais, que je le berçais, en fredonnant à ce petit juif de vieilles chansons françaises, qu'il me réclamerait tous les soirs pour s'endormir, tant qu'il porterait des culottes courtes. Dans la journée Madame aussi lui chantait des chansons, les berceuses de Mozart, de Schumann, et puis elle chantait les mêmes vieux airs français que moi.

L'armistice a été signé le vingt-deux juin mille neuf cent quarante avec les Allemands, le vingt-quatre avec les Italiens, belles journées pour la France. Les massacres, les pillages et les viols annoncés n'avaient pas eu lieu, un million cinq cent mille soldats français avaient été faits prisonniers, les autres sont rentrés chez eux, honteux et rassurés.

Dès que le téléphone a été rétabli, j'ai accompagné Madame à la poste pour sa première sortie. À travers la porte vitrée de la cabine, je l'ai vue annoncer la nouvelle à son époux, elle rayonnait. Ma première sortie à moi, Dolorès, avait été pour me rendre seule à la mairie de Versailles déclarer mon enfant, à neuf heures du matin, le vingt-cinq février mille neuf cent trente-huit. Un soleil d'hiver tout rond faisait briller la neige sur les toits des maisons et aux branches des arbres. Une employée municipale, boudeuse et mal réveillée, avait noté en bâillant que Marie-Cécile Drot de Fézinzac était née de père inconnu.

En quinze jours, nous avions pris nos habitudes à Saint-Léonard-de-Noblat. Je stérilisais les biberons dans un grand faitout de la cuisine de l'hôtel, je lavais et je repassais le linge de Madame et le mien à la buanderie, j'étendais les couches et les langes du petit sur le fil, dans la cour, à côté des torchons. Quand Maximilien m'en laissait le loisir, je donnais un coup de main pour la plonge ou l'épluchage. La postière et le pharmacien, que je voyais tous les jours, me saluaient cordialement. Chacun dans le village s'enquérait des progrès du bébé.

Avec l'accord du médecin, nous avons repris le chemin d'Arès le premier juillet pour y retrouver Monsieur. Madame était joyeuse et insouciante, contrairement à moi. Le sort de la France et l'incertitude du lendemain m'empêchaient de profiter des quelques heures de sommeil que Maximilien voulait bien m'accorder.

J'ai eu gros cœur en quittant ce bourg accueillant et la bonne Madame Férié. Depuis soixante-trois ans, Dolorès, il ne s'est pas passé un Jour de l'an sans que nous échangions nos vœux, jusqu'à cette année où je n'ai plus la force d'écrire. Ne voyant rien venir, elle saura que je ne suis plus de ce monde, à moins qu'elle-même ne l'ait quitté entre-temps.

Grands, blonds, jambes écartées, mains sur les hanches et torses nus, en bottes et culotte d'uniforme, face à la mer et au soleil couchant, ils chantaient. Ces jeunes boches étaient superbes et ils chantaient admirablement, Dolorès, je suis au regret de vous le dire, mais c'est la vérité. Nous devions regagner Paris le lendemain. Comme j'avais fini de boucler la dernière malle, je m'étais donné un moment pour me rendre au bord du bassin et profiter encore une fois de la belle lumière de septembre. À mon approche les soldats ont cessé leur chant pour me siffler et me lancer des compliments dans un français barbare et ridicule. Si j'avais eu un fusil, je les aurais supprimés sur-le-champ et avec joie. N'allez pas me dire que ce sont des sentiments peu chrétiens. « Capitulation » est un mot qui ne fait pas partie du vocabulaire des Drot, chez qui il est d'usage de se battre jusqu'au bout, usage peu répandu parmi mes compatriotes, à l'époque dont je vous parle.

Depuis la mi-juillet la France était coupée en deux, les Allemands occupaient une bonne moitié du territoire national. Bordeaux et sa région étaient tombés du mauvais côté.

L'été touchait à sa fin, il y avait eu beaucoup de passage à Arès, des parents surtout, qu'il fallait nourrir et blanchir. Les habitants du château et leurs invités étaient d'humeur sombre, à l'exception de Maximilien, qui poussait vite, se portait bien, et distribuait généreusement ses tout nouveaux sourires. Naturellement on m'avait chargée du ravitaillement, encore un cadeau des Treives dont je me serais passée. Je me suis faite à cet exercice d'un genre nouveau comme au reste. J'ai appris à cette occasion qu'il vaut mieux s'abstenir de demander un certificat de bonne conduite à celui qui vous procure deux kilos de sucre et cinq kilos de pommes de terre au prix du diamant, après tout ça n'était pas mon argent. Mes patrons et leurs invités, peu habitués aux privations, avaient des exigences qui me compliquaient l'existence. Ils allaient devoir en rabattre, et plus que quiconque pouvait l'imaginer. Les conversations cessaient quand j'entrais au salon, pour autant il ne m'échappait pas que certains d'entre eux s'apprêtaient à passer en Espagne pour gagner le Portugal, l'Afrique du Nord ou l'Amérique. À mon grand soulagement Monsieur Lucien ne s'était pas montré, en revanche, Monsieur Chambard-Martin, que les domestiques appelaient Monsieur Hervé, séjournait fréquemment au château. Quel homme agréable, Dolorès, bien élevé, élégant malgré sa corpulence, avec à mon endroit des mots drôles ou gentils qui me faisaient oublier ma condition. Du reste, je me sentais pareille à lui. Probablement parce qu'il n'avait rien de juif et que, tout parisien qu'il fût, il sentait sa province.

Bordeaux ou Paris, c'était égal, les Allemands y étaient chez eux. À la fin de l'été les Treives ont regagné leurs quartiers d'hiver. Comme je surveillais le chargement de la limousine le matin du départ, Monsieur Hervé s'est approché de moi pour la cérémonie du pourboire. J'étais certainement la première des Drot de Fézinzac à en recevoir, mais, de toutes les humiliations subies, celle-ci n'a pas été la plus difficile à surmonter, au contraire. Autrefois, dans une maison de ce train, les pourboires représentaient une part non négligeable des gages, et je m'en étais rapidement rendu compte. En remerciant ce qu'il fallait, j'ai glissé le billet dans ma poche.

Ce qui était impensable en temps de paix ne surprenait pas en temps de guerre, Monsieur Hervé m'a longuement serré la main. « Ils ne devraient pas rester en France, Mademoiselle Drot, les choses vont mal tourner pour eux, j'ai tout essayé pour convaincre Ernest de faire partir au moins sa femme et son fils, il ne veut rien entendre. Nous vivons une sale époque, n'est-ce pas ? » La question ne demandait pas de réponse, il allait sans dire que nous étions du même avis.

Octobre tirait à sa fin. Nous avions retrouvé Paris, souillé à tous les coins de rues par des panneaux indicateurs en allemand. La tête me tournait. Depuis quatre mois, entre l'exode, la naissance de Maximilien, le ravitaillement, et maintenant le statut des juifs, mes fonctions avaient pris un tour inattendu, excédent largement les responsabilités d'une gouvernante. Dieu avait mis Antoinette Treives sous ma protection. J'étais la plus forte, je savais tout d'elle, elle ne savait rien de moi. Le drame de ma vie était consommé, le sien était à venir, nous commencions de nous en rendre compte. Si je ne l'ai pas sauvée, Dolorès, c'est sa faute.

Avec la guerre, mes visites à Versailles se sont espacées. Marie-Cécile marchait, elle parlait et Sœur Claire lui disait de m'appeler Maman. Dans le tablier bis de l'institution, elle était bien mignonne, avec ses cheveux dorés semblables aux miens et ses yeux sérieux. Il ne me venait plus de haine à son endroit, mais pas d'amour non plus. J'avais de la compassion, des remords, l'obsession de subvenir à ses besoins et le désir d'avoir le moins possible affaire à elle. De retour avenue de Villiers, je courais jusqu'à la nursery, je prenais Maximilien dans mes bras et je l'embrassais passionnément.

J'ai repris mes promenades. Les arbres du boulevard perdaient leurs feuilles et les voitures se faisaient rares. Je ne vous souhaite pas Dolorès d'avoir à descendre d'un trottoir pour laisser la place à des soldats de l'armée d'occupation. C'est très désagréable, je n'ai jamais pu m'y faire, pas plus que de voir des drapeaux ennemis flotter aux façades des édifices publics. Jacques était fidèle au poste, mais le chocolat avait disparu de la carte. Je me contentais d'une verveine, denrée sur laquelle les Allemands n'avaient jeté aucun dévolu et que par chance, je prenais sans sucre. Jacques, semblable à lui-même, était aussi aimable avec les boches qu'avec le reste de la clientèle. Il marquait avec moi une légère distance que j'ai mise sur le compte de ma mauvaise mine, due à la fatigue et au manque de gras.

Depuis la mi-novembre, je n'étais plus l'employée de Monsieur Ernest Treives mais celle de Monsieur Hervé Chambard-Martin. Par magie, les biens et les affaires de Monsieur Ernest étaient passés sous l'autorité de son meilleur ami. On avait décroché les tableaux des murs, et les objets précieux avaient disparu. Néanmoins les Treives demeuraient avenue de Villiers, je continuais de les servir et Monsieur Hervé y venait fidèlement en visite, au contraire d'autres habitués qui ne s'y montraient plus. La stupéfaction et la tristesse s'étaient abattues sur le 27, la mère de Madame elle-même avait perdu de sa morgue.

Seule la nursery échappait à la morosité ambiante, les rires et les chansons y avaient trouvé refuge. Indifférent au monde, Maximilien était un bébé heureux qui faisait ma joie et celle de Madame. Il progressait de jour en jour et nous étions d'accord pour penser qu'il allait faire un très joli petit garçon et, sans aucun doute, un très bel homme. Tous les prétextes m'étaient bons pour aller le voir, vérifier plusieurs fois dans la journée le fonctionnement d'une salamandre installée spécialement pour lui, renouveler la provision de bois, monter le linge fraîchement lavé et repassé. J'en profitais pour surveiller la jeune Normande, recrutée comme nurse à défaut d'une Anglaise. Ses capacités ne me semblaient pas à la hauteur de la situation.

Monsieur Lucien est réapparu habillé en bourgeois, il se montrait d'un calme inquiétant. Comme tout le monde, j'étais entièrement absorbée par le ravitaillement. Il est venu me trouver dans mon bureau où je faisais le compte de nos bons d'alimentation et de charbon. Le froid commençait de se faire sentir. Un châle en tricot gris sur les épaules, des bottines fourrées aux pieds et le front soucieux, je n'étais pas à mon avantage.

« Alors Vieille France, qu'est-ce que vous dites de ça ? Il vous plaît le vieux militaire, c'est votre genre, non ? » Il avait le chic pour me mettre en colère. « Je n'ai pas de goût particulier pour les capitulards, Monsieur Lucien, si c'est tout ce que vous avez à me dire, je vous demanderai de sortir et de me laisser travailler. » Il insistait lourdement : « Tout de même, le vainqueur de Verdun ne peut pas vous laisser indifférente.

– Verdun, c'est une chose, pactiser avec l'ennemi en est une autre, à chaque guerre ses plaisirs, Monsieur. »

Je l'ai fait rire. « Je vous aime bien, Mademoiselle Drot, mais je ne suis pas là pour m'amuser. Il faut convaincre ma sœur de déguerpir avec son gosse. »

J'ai croisé les bras, je l'ai regardé bien en face.

« Et c'est sur moi que vous comptez ? Je suis la gouvernante, Monsieur Lucien, rien de plus.
– Vous n'êtes pas juive, Mademoiselle Drot, vous ne vous rendez pas compte, mon beau-frère est aveuglé par son patriotisme, partir, pour lui, c'est déserter. C'est un imbécile.

– Dans ces conditions, pourquoi vous-même ne partez-vous pas ? »

Il a hoché la tête en souriant.

« Ne vous inquiétez pas pour moi, je suis moins bête qu'eux. »

Monsieur Hervé pensait comme cet animal. Que deux êtres aussi différents soient du même avis ne pouvait que me donner à réfléchir.

« Quand la guerre sera finie, Vieille France, je vous emmènerai au bal. »

Il a passé beaucoup d'eau sous les ponts avant qu'il tienne sa promesse.

Au 27 avenue de Villiers, la flamme jaune, mesquine et vacillante des lampes à pétrole avait remplacé l'éclat des lustres et des chandeliers. Grâce à Jacques, j'entretenais de bonnes relations avec le marché noir qui s'était mis en place avec une rapidité confondante. Pour moi, j'acceptais de me priver sans me plaindre, car, puisque nous avions été défaits, il était juste d'en supporter les conséquences. En revanche je mettais un point d'honneur à ce que Madame et Maximilien, que l'on commençait à surnommer Max, ne manquent de rien, qu'ils aient de quoi se nourrir comme il faut et qu'ils ne souffrent pas du froid. En dépit de la dinde et du feu dans la cheminée, les fêtes de Noël et du Jour de l'an ne furent pas gaies chez les Treives.

Le quatorze mai quarante et un, la première rafle de juifs a eu lieu dans le onzième arrondissement de Paris, les Treives, français depuis toujours, se croyaient à l'abri, la vie continuait. Le douze décembre de la même année, quatre jours après l'entrée en guerre des Américains, sept cent quarante-trois notables juifs ont été arrêtés à leurs domiciles parisiens, dans les beaux quartiers cette fois. Quelques jours auparavant des étrangers venus de l'Est avaient commis une série d'attentats contre l'occupant. Il aurait été trop beau que les Français s'en soient chargés eux-mêmes.

N'eussent été Madame et le petit, je ne me serais sans doute pas souciée plus que cela du sort des juifs. J'en connaissais peu, depuis peu de temps, et ils ne m'étaient pas sympathiques. Par contre j'étais scandalisée par la docilité et l'empressement de certains de mes compatriotes à obéir aux ordres de l'occupant, voire à les devancer. Le jeune abbé de Sainte-Marie-des-Batignolles me prêchait la résignation, et l'obéissance. Si Dieu avait donné le Maréchal Pétain aux Français, c'était bien la preuve qu'Il ne les avait pas abandonnés, disait-il avant de m'absoudre. Je n'ai pas discuté, mais j'ai changé de confesseur.

C'est précisément en revenant de confesse un vendredi après-midi que j'ai croisé Monsieur Hervé. Contrairement à Monsieur Ernest qui avait pris dix ans depuis la défaite, la guerre ne lui avait rien ôté de sa prestance. « Venez, Mademoiselle Drot, allons prendre quelque chose. » Et, sans plus de façon il a attrapé mon bras d'une main ferme, en me demandant si je connaissais un endroit où l'on pourrait causer tranquilles.

Le Canon de Villiers s'imposait. J'avoue qu'il ne me déplaisait pas de m'y montrer en compagnie d'un homme de cette classe et de cette allure. Nous nous sommes assis près du poêle. « Une verveine comme d'habitude, Mademoiselle ? » Imperturbable, professionnel et parfait, Jacques a pris la commande.

« Avec les événements, et l'arrestation de deux de leurs amis, j'ai enfin persuadé Ernest de faire passer sa femme et son fils en zone libre, ils peuvent aller chez ma mère, à côté d'Argenton-sur-Creuse. Il faut maintenant convaincre votre patronne, car elle ne voudra pas quitter son mari. Vous avez votre rôle à jouer, Mademoiselle, Ernest me dit qu'elle ne fait plus rien sans vous consulter. »

Je me plaisais dans ce café, en compagnie de ce bel homme, sous le regard à la fois curieux et discret de Jacques. J'en oubliais la guerre, mon bannissement, ma vie barrée. Monsieur Hervé était célibataire, séduisant, riche et de bonne famille, le mari idéal. Nous aurions pu parler, musique, théâtre, poésie et voyages. Voilà à quoi je pensais. « Vous m'écoutez, Mademoiselle ? – Bien sûr, Monsieur, bien sûr, je vais la convaincre. » Là-dessus je n'avais aucun doute.

Je l'ai convaincue. Maximilien avait un an passé, c'était un tout petit garçon qui battait des mains quand il me voyait et qui tendait les bras pour que je le prenne. Après la Nativité, Dolorès, c'était la Fuite en Égypte. En bon saint Joseph, j'allais reprendre mon bâton et lacer mes sandales. Voyez-vous, j'aimais cet enfant comme j'aurais dû aimer le mien et je m'en voulais. Avant de quitter Paris, je devais m'en ouvrir à Mère Marie-Joseph, je voulais parler de ma fille et de ce petit qui lui faisait une si rude concurrence.

L'hiver était rigoureux, sans pitié. Les croix gammées décoraient les grilles de la place d'Armes, et il ne faisait pas meilleur dans le bureau de la Mère supérieure que dans les rues de Versailles rendues glissantes par le gel.

Un châle de laine au crochet couvrait ses épaules, une couverture kaki d'un genre militaire protégeait ses jambes. La Mère était seule à tout connaître, mes origines, ma famille, ma faute, ma foi. Mon secret pesait lourd. Avant de partir une nouvelle fois avec Madame et Maximilien, j'avais besoin de déposer mon fardeau, ne fût-ce qu'un quart d'heure.

La voix était calme, froide. « Marie-Cécile se porte bien, elle est ici sous la protection de Dieu, nous veillons sur elle les sœurs et moi, soyez sans crainte. Tout le mal que vous pouviez lui faire, vous l'avez déjà fait. Aidez votre maîtresse et son fils à se tirer de ce très mauvais pas, n'hésitez pas. C'est bon pour eux et pour votre salut. Toutefois, ma fille, j'attire votre attention sur un point, méfiez-vous des passeurs. Beaucoup d'argent est en jeu, de tous les côtés, et le désintéressement ne court pas les rues, c'est le moins que l'on puisse dire. » Elle a arraché une feuille de son bloc et de sa petite écriture violette, à l'aide d'un porte-plume d'écolier, elle y a noté un nom et une adresse. « Celui-là est à Bourges, vous pouvez lui faire confiance, c'est mon neveu. Ne lui écrivez pas, ne lui téléphonez pas, rendez-vous à cette adresse sans vous faire remarquer. – Du reste, a-t-elle ajouté en me reconduisant, vous êtes un peu trop arrangée pour une gouvernante. » Elle m'a donné sa bénédiction sans sourire. Elle était mon recours, mon repère et ma boussole. J'avais deux femmes dans ma vie qui ne se ressemblaient pas. Je puisais en Mère Marie-Joseph les forces dont j'avais besoin pour que Madame puisse se reposer sur moi.

Par la porte vitrée qui donnait sur le préau, j'ai regardé les petites filles assises en cercle sur des bancs autour d'une religieuse qu'elles écoutaient attentivement. Les enfants se serraient les unes contre les autres pour se réchauffer, elles m'ont paru minuscules. Marie-Cécile ne m'a pas vue. Comme j'aurais aimé, Dolorès, la prendre dans mes bras et l'emmener avec Maximilien, dans un pays en paix où il aurait fait chaud.

J'ai emprunté le boulevard de la Reine et la rue du Maréchal-Foch, pour rejoindre la gare et reprendre mon train. Enfant, adolescente, je faisais cette route deux fois par jour pour me rendre au collège. Jeune Versaillaise en uniforme, orpheline de guerre, travailleuse et sage, belle comme les amours, les hommes n'ont pas tardé à me lorgner. Tout le mal est venu de là.

Il n'y avait rien à dire, les faux papiers d'identité et les *Ausweis* étaient de première qualité. En temps de guerre comme en temps de paix, l'argent et les relations garantissent de la bonne marchandise. Néanmoins je n'étais pas tranquille dans le train qui nous conduisait à Bourges, le six janvier mille neuf cent quarante-deux, jour des Rois. J'allais manquer la messe de l'Épiphanie, le Bon Dieu ne m'en tiendrait pas rigueur.

La veille j'avais bouclé les valises sans demander d'aide. Les mesures antijuives n'avaient pas fait partir les domestiques qui étaient bien payés et qui ne risquaient rien, à l'exception de Donald qui avait dû regagner son Écosse natale. Pourtant, Marcel mis à part, je n'avais pas confiance. Personne ne devait savoir que nous allions passer la ligne. Madame était censée se rendre quelques jours chez des amis près de Houdan, avec Maximilien et moi.

À mon retour de Versailles, j'avais demandé un entretien à Monsieur Ernest. Vous l'avez connu, Dolorès, vous savez que sa politesse exquise élevait un haut mur entre les autres et lui. Ses yeux pâles et inexpressifs, sous les lourdes paupières bordées de cils blonds, m'ont toujours mise mal à l'aise. À l'inverse de Madame, dont le visage reflétait l'humeur dans la seconde, celui de Monsieur, avec sa peau blanche, trop fine, et ses taches de rousseur, n'exprimait rien. Il entretenait un dialogue ininterrompu avec un genre de peinture qui atteint aujourd'hui des sommes faramineuses (entre nous, de véritables croûtes). Les rares démonstrations que s'autorisait ce commerçant s'adressaient aux artistes dont il s'occupait, considérés comme sa propriété personnelle. À sa façon Madame était une œuvre d'art, c'est à ce titre qu'il l'aimait.

Quoique je lui aie donné des gages incontestables de ma loyauté et de mon efficacité dans les moments difficiles, il avait à mon égard une méfiance irrationnelle au moins égale à celle que j'éprouvais pour lui. Il était trop juif pour mon goût, je ne l'étais pas assez pour lui. Mais en l'occurrence, notre volonté commune et déterminée de mettre sa femme et son fils à l'abri faisait de nous des alliés.

Sans lui donner mes sources, en évoquant les dangers graves et avérés de franchir la ligne de démarcation aux points de passages officiels, quelle que soit l'excellence des faux papiers, j'ai tenté de le convaincre qu'il valait mieux emprunter des chemins détournés. Je connaissais un passeur en qui j'avais toute confiance. « Quelles sont vos garanties Mademoiselle Drot ? – J'ai mis votre fils au monde, Monsieur, c'est tout ce que j'ai à vous offrir comme garantie. Si cela ne vous suffit pas, libre à vous, je vous aurai prévenu, c'était mon devoir de le faire. » Le ton était cassant, je vous prie de me croire, car il me chauffait sacrément les oreilles. Tombant le masque un quart de seconde, il y est allé d'un semblant de sourire révélant son unique charme à mes yeux, une fossette à la joue gauche. Les informations qu'il avait sur le sujet ne pouvaient que me donner raison, il s'est rendu à mes arguments. « Soit, Mademoiselle, je les remets entre vos mains. »

De bonne heure, un taxi à gazomètre nous a conduits gare d'Austerlitz, Monsieur Ernest et Monsieur Hervé nous accompagnaient. Sous l'éclairage brutal de la grande verrière, des hommes, des femmes et des enfants couraient en tous sens avec leurs valises et leurs paquets, les quais étaient bondés, des grappes de gens tentaient de monter dans les wagons. Les haut-parleurs lançaient en allemand et en français des messages incompréhensibles. Cette foule agitée, inquiète, compacte augmentait, si c'est possible, mon éloignement et ma méfiance instinctive des masses. Madame avait laissé ses fourrures avenue de Villiers. Diaphane dans son manteau de drap noir, elle a dit au revoir à son mari comme si elle devait le retrouver le lendemain. « Je vous les confie encore une fois », m'a dit Monsieur Treives en posant la main sur mon épaule. Raide, solitaire et fermé, il faisait pitié. Le désordre aidant, Monsieur Hervé m'a embrassée sur les deux joues, il sentait la quinine Pinaud, et l'eau de Cologne du Coq, son air prospère et détendu tranchait singulièrement sur notre petit groupe. J'ai remarqué avec agacement qu'il étreignait Madame plus que nécessaire, et pour augmenter ma mauvaise humeur et mon inquiétude Maximilien s'est mis à tousser. La redingote bleu foncé à parements de velours achetée par ma mère Aux dames de France pour mes vingt-cinq ans ne m'était pas d'un grand secours contre les courants d'air. La serge en était trop usée.

Durant le trajet, Maximilien ne m'a pas laissé le loisir de contempler par les vitres du compartiment la campagne française saisie par le gel. L'air froid persécutait les voyageurs, et j'avais toutes les peines du monde à le maintenir enroulé dans un gros plaid. Mon stock de chansons et d'histoires épuisé, je le reprenais depuis le début sans relâche. Madame s'était endormie, la tête tournée vers moi, légèrement appuyée contre mon épaule, une ride au front que je lui voyais pour la première fois. Joli tableau, deux belles jeunes femmes enlacées, unies par un enfant aux boucles brunes et aux yeux bleus, un vrai Greuze. Madame disait souvent que son fils était le portrait de Monsieur Lucien enfant. À part moi, j'étais tranquille, avec l'aide de Dieu, je ferais en sorte que leur ressemblance s'arrête à la beauté des yeux. À voix basse, je chantais *Malbrough s'en va-t-en-guerre* à mon petit juif, dans ce train qui, autrefois, me conduisait en vacances. J'avais gardé de ce temps-là mon chapelet et ma médaille de baptême, une jolie médaille d'or à festons, figurant une Vierge à l'Enfant sur un fond d'émail bleu. Pour le voyage il m'avait semblé judicieux de la faire sortir de dessous mon chemisier où je la tenais cachée d'ordinaire. Madame n'avait pas pu s'empêcher de sourire en la voyant. « Vous avez un bien joli bijou, Mademoiselle Drot, et vous le montrez fort à propos. » « Bijou », je vous demande un peu. Elle voyageait sous le nom de Tinère. Le contrôleur était accompagné d'un soldat allemand, mitraillette au poing. Je ne sais si, comme je l'ai cru, il a regardé les papiers de Madame plus longtemps que les miens et que ceux des autres voyageurs, un couple et leur fille de quinze ans qui ne levait pas le nez de son livre, et une femme d'un certain âge absorbée par son crochet. Les battements de mon cœur se sont apaisés quand ils ont refermé la porte du compartiment derrière eux. Maximilien avait fini par s'endormir, secoué de temps à autre par une petite toux sèche qui ne me plaisait pas. Quand j'ai enfin pu regarder le paysage, nous traversions la Sologne. Nous étions partis depuis quatre heures, le train n'avançait pas, marquant des arrêts prolongés en rase campagne. Des lapins se sauvaient sur son passage. À leur vue, le goût du lapin aux pruneaux m'est revenu avec précision. C'était un plat que ma mère donnait souvent l'hiver aux déjeuners du dimanche. Pour tromper ma faim j'ai pris, dans le peu de provisions que nous avions emportées, un petit morceau de pâté de dattes collant et trop sucré et j'ai pensé à autre chose.

Il a ouvert la porte en souriant. Replet et de petite taille, en pantalon de ville sous une grosse robe de chambre de laine des Pyrénées à carreaux marron, Monsieur Beulet, électricien à Bourges, n'évoquait sa tante en rien. « Je viens de la part de Mère Marie-Joseph. » Je n'en pouvais plus, Dolorès. Je les avais laissés dans l'hôtel minable où nous avions échoué. Les billets de banque dont le sac de Madame était bourré rendaient bien des services, et le vendeur de journaux de la gare de Bourges en avait largement profité. C'est de sa part que nous nous étions présentés à l'hôtel Estrella, Madame portait le petit et une valise, et moi les deux autres, les derniers mètres du voyage nous avaient paru interminables. Le patron de l'hôtel, cheveux noirs collés au crâne, moustache mince, cravate jaune et strabisme prononcé, avait rempli nos fiches en nous adressant à peine la parole. L'hôtel des Voyageurs de Saint-Léonard-de-Noblat et sa propriétaire étaient loin. Pour le prix d'une suite au Ritz, Madame avait payé d'avance une petite chambre pour nous trois, glaciale et donnant sur les voies. Nous avions dîné à six heures d'une soupe aux légumes transparente que j'avais montée dans la chambre. La fatigue l'emportant sur la faim, Madame s'était endormie sur le grand lit avec Maximilien dans les bras, sans se défaire, à même le couvre-pied défraîchi.

Depuis la première rafle, elle fuyait dans le sommeil, s'endormant n'importe où, dès qu'elle le pouvait. Elle était devenue somnambule, ce qui en un sens me facilitait la tâche. Avant de les quitter j'avais rabattu sur eux les pans du dessus-de-lit et je les avais recouverts de tout ce que j'avais pu trouver de lainage dans nos valises. Maximilien toussait toujours.

« Voulez-vous prendre quelque chose ? » Je n'avais pas osé demander mon chemin pour me rendre chez le neveu de Mère Marie-Joseph. À la nuit tombée, un plan de la ville dans ma poche, j'avais fait la route le cœur battant, en sueur, malgré le thermomètre qui indiquait trois degrés au-dessous de zéro. J'ai mesuré depuis combien ma beauté française, mon allure aristocratique et mes bonnes manières me mettaient à l'abri des soupçons, me rangeant à l'évidence dans le camp de ceux qui n'ont rien à craindre. Ce sont des choses dont on se rend compte avec le temps, Dolorès, quand le danger est loin.

Le verre de frontignan bu à petites gorgées m'a donné plus de plaisir qu'aucun des admirables bordeaux que j'ai eu l'occasion de goûter par la suite chez les Treives. « Ma tante m'a annoncé votre venue. » Le neveu de la Mère m'a fait asseoir à la table de la salle à manger. À l'image du pavillon, l'ameublement était modeste, sans tapis ni bibelot. Un petit crucifix en bois orné du buis des Rameaux était accroché au-dessus du buffet. Des voix d'enfants mêlées à celle d'une femme nous parvenaient à travers la cloison. Le rendez-vous a été fixé pour le lendemain à huit heures précises. Monsieur Beulet passerait nous prendre avec sa camionnette.

Je ne voulais pas retourner à l'hôtel. J'appréhendais la nuit et le jour à venir. J'aurais voulu être la femme d'un petit bonhomme comme celui-ci, préparer la soupe, surveiller les devoirs et faire dire leurs prières aux enfants dont j'entendais les voix dans la pièce à côté, puis me coucher l'âme en paix, et dormir. La sérénité de ce foyer, l'effet de l'alcool sur mon corps affaibli par le froid, le manque de nourriture, et la fatigue ont eu raison de moi. J'ai fondu en larmes. « Vous pleurerez plus tard, Mademoiselle, pour l'heure ils ont besoin de vous. » Il n'y avait pas de doute, le neveu était du même bois que la tante. L'attendrissement et l'apitoiement sur soi n'étaient pas de saison, je me suis mouchée et je suis repartie. Il n'y avait personne dans les rues de Bourges à la nuit tombée. Pas une lumière, pas un bruit. Loin de me rassurer, l'ombre massive et noire de la cathédrale a augmenté ma peur. Pour payer, Dolorès, je payais. À Versailles, dans la cité des rois, mon oncle et ma mère dormaient tranquilles.

À l'hôtel, j'ai trouvé derrière le comptoir un petit vieux en passe-montagne kaki à visière et en mitaines, qui tirait sur une pipe vide avec un bruit déplaisant. Ça n'était pas la séduction faite homme, mais son œil rond et malin m'inspirait davantage que le regard louche et cruel de son patron.

Madame ne dormait plus. Elle était assise sur le rebord du lit, Maximilien sur les genoux. Il était rouge, brûlant, des quintes de toux rapprochées et stridentes le secouaient entièrement. Il s'étouffait. Madame m'a regardée avec des yeux qui lui dévoraient le visage, ses ongles étaient blancs de froid. Elle était si frileuse. Je me suis assise à ses côtés et je l'ai prise par les épaules, tant pour la rassurer que pour me rassurer moi-même. Nous étions jeunes, inexpérimentées, nos mères nous manquaient. Elles auraient dû être là pour nous montrer comment faire quand un petit enfant est malade et qu'il a de la fièvre, pour nous rassurer et pour nous embrasser. Mais la mère de Madame avait filé en Suisse dès le début des hostilités et j'étais morte pour la mienne. Nous allions devoir nous débrouiller sans elles.

Jusqu'à ce jour Maximilien s'était développé sans heurt, mis à part les coliques et les rhumes insignifiants des tout-petits. Resté au nombre des fidèles, le docteur Louvet le soignait comme il aurait soigné l'héritier de la couronne, il ne se passait pas quinze jours qu'il ne le visite. « Je vais chercher un médecin, Madame, tranquillisez-vous. » Les quintes se succédaient, entrecoupées de râles. « Je dois d'abord m'absenter un instant, tenez-le, Mademoiselle Drot, je fais vite. » La salle d'eau était au bout du couloir, elle en avait pour cinq minutes.

Maximilien était sans force, teint blanc, lèvres bleues, ses beaux cheveux châtains noircis par la sueur. Moite, les yeux à demi fermés, il tenait la tête penchée sur le côté, ne la redressant que sous la poussée des quintes, ses doigts ne serraient plus les miens. L'effroi m'a saisie, il allait mourir. Je n'ai pas hésité, je n'ai pas réfléchi, j'ai fait ce que tout bon catholique aurait fait à ma place, je l'ai ondoyé. « Je te baptise, au nom du Père, du Fils et du Saint-Esprit. » Cet enfant, j'en étais venue à l'aimer plus que tout, si la volonté de Dieu était de le reprendre, son âme n'irait pas errer dans les limbes, elle irait droit au Paradis. J'ai un peu sursauté au retour de Madame, elle tremblait.

« Comment va-t-il ? » Sans la regarder, je lui ai répondu que, puisqu'elle était là, j'allais pouvoir aller chercher un médecin. Consciente de l'avoir trahie, mais en paix avec ma conscience, j'ai posé mon manteau sur les épaules de Madame, au-dessus du sien et j'ai descendu les étages aussi vite que je le pouvais, attentive cependant à ne pas me prendre les pieds dans le tapis mal fixé et troué par endroits.

« Il ne voudra pas venir. » Le vieux était formel. Je me suis penchée par-dessus le comptoir, tout sucre et tout sourire. Après avoir fait le prêtre, j'aurais fait la putain s'il l'avait fallu. Une poignée de billets m'a heureusement épargné cette épreuve. « Et l'hôtel, il se garde tout seul ? » Trois quarts d'heure durant, parmi les plus longs de ma vie, j'ai tenu l'emploi de veilleur de nuit à l'hôtel Estrella de Bourges, tenaillée par l'angoisse, tendue entièrement vers ce qui se passait là-haut dans la chambre. Il était neuf heures du soir, le couvre-feu approchait et pour éviter les contrôles la plupart des pensionnaires avaient déjà regagné leurs chambres. Mon rôle s'est borné à donner leur clé à un couple timide, et à un homme éméché dont les propositions malhonnêtes n'ont pas su me distraire de ma mortelle inquiétude. À cette heure tardive, la présence d'une demoiselle excessivement convenable derrière le comptoir de cet hôtel borgne ne les troublait pas.

« C'est le faux croup. » Madame et moi, nous l'avons accueilli comme le Messie. En d'autres circonstances sa figure chafouine, ses mains humides, son manque de façons et son costume chocolat à rayures nous auraient beaucoup déplu, mais nous n'étions pas en position de faire les malignes, nous n'y pensions même pas. « Fumigations de vapeur d'eau à répétition jusqu'à ce que les spasmes cèdent, c'est le seul remède, et ne le couvrez pas trop. » Sur la table de nuit crasseuse, tachée, brûlée par d'innombrables mégots, il a posé deux cachets d'aspirine, « Vous lui en donnerez un quart toutes les cinq heures. » Sans poser de question, pressé de rentrer chez lui, il s'est contenté de faire payer la consultation le prix d'une livre de café au marché noir, c'est vous dire. Cette nuit-là, du quatrième au rez-de-chaussée, un broc dans une main, des billets dans l'autre en cas de besoin, j'ai monté et descendu les étages vingt fois au bas mot. Au prix fort, le petit vieux m'avait cédé du bois pour alimenter le poêle de la cuisine dont il m'avait autorisé l'accès, et une casserole qui aurait mérité un bon coup de paille de fer. Sous forme de jeu, à tour de rôle, nous avons maintenu Maximilien penché sur la cuvette fumante, la tête et le buste recouverts d'une serviette. Il était si faible qu'il se laissait faire sans rechigner. Quand j'allais réchauffer l'eau, Madame le berçait en chantonnant d'une voix faible, toute contractée de peur. Au bout de deux heures qui nous ont semblé ne pas devoir finir, les quintes ont commencé de s'espacer, il s'est endormi à l'aube, Madame l'a suivi de peu. Quant à moi, je craignais, si je cédais au sommeil, de ne pas me réveiller à temps, je devais nous tenir prêts pour le départ. La nuque et le dos me lançaient cruellement, les yeux me brûlaient, j'étais fourbue, mais fière et récompensée de mes efforts par la respiration calme et tranquille de Maximilien. N'empêche, un vrai café aurait été le bienvenu. À la place j'ai fait une prière d'action de grâce et, pour le principe, j'ai demandé pardon au Seigneur d'avoir baptisé cet enfant sans le consentement de sa mère, puis j'ai dit mon chapelet. Le « Je vous salue Marie » est ma prière favorite. Pour ne pas m'endormir je me suis agenouillée à côté du lit où reposaient la mère et l'enfant. À sept heures, je les ai réveillés. Maximilien était frais et rose, Madame était grise. Je me suis rajustée sans me débarbouiller, puis en évitant de me regarder dans le miroir piqué qui surmontait la table de toilette où broc et cuvette avaient retrouvé leur place, j'ai renoué mon chignon défait. J'avais hâte de quitter cette chambre, plus sordide encore à la lumière du jour que le soir.

La chicorée était tiède, le morceau de pain n'avait de pain que le nom, quant à la substance verdâtre supposée tenir lieu de confiture, bien malin celui qui aurait pu deviner de quoi elle était faite. Dans la salle à manger, en tenue de route, nos bagages à portée de main, nous avons tout bu, tout mangé. Visages endormis, vêtements fripés, les clients mâchaient consciencieusement et en silence leur petite part de nourriture. Au mur, comme pour se moquer, les affiches colorées de la SNCF et des Chargeurs réunis invitaient au voyage, Monte-Carlo, Biarritz, Naples, Le Caire. Si les marques de la nuit passée se notaient au visage de Madame et au mien, Maximilien en revanche se portait comme un charme et son humeur joyeuse contrastait singulièrement avec l'humeur maussade de l'assemblée. Encore une fois j'ai fait des grâces auprès du petit vieux pour obtenir une tasse de lait supplémentaire. En une nuit, le faux croup lui avait fait gagner l'équivalent d'un mois de salaire. Maximilien a bu, regardant autour de lui avec intérêt, comme un petit prince au milieu de sa cour, réussissant à dérider quelques femmes par les sourires que, selon son habitude, il distribuait généreusement. Il séduisait déjà son monde. Son rire en grelot avait remplacé celui de sa mère, qui se faisait rare et qui me manquait. Ce matin pourtant, les petites manières de son fils la réjouissaient, entre deux gorgées de chicorée, elle a pris ma main qu'elle a serrée sans rien dire. À mon tour j'ai pressé sa main fine et nerveuse, la mienne est ferme et forte. Mon lot de secrets venait de s'enrichir notablement. Elle ne savait pas que j'avais une fille, elle ne saurait pas non plus que, dans l'angoisse et l'affolement, j'avais fait de son fils un chrétien. Du reste, Dolorès, lui non plus ne l'a jamais su. Curieusement, le goût que j'avais pour elle s'augmentait de ces choses que je lui cachais.

La camionnette Panhard jaune et gris, de l'entreprise Beulet et fils, électricien à Bourges, s'est arrêtée à huit heures pile à mi-chemin entre l'hôtel et la gare, devant le tabac Le Balto, en un lieu suffisamment fréquenté par le va-et-vient des voyageurs et des passants pour ne pas attirer l'attention. À la hâte et sans parler, nous nous sommes installés à l'arrière avec les valises, sur une pile de couvertures usagées, dissimulés par des caisses à outils et des rouleaux de fil électrique. Pour nous dire au revoir, le veilleur de nuit avait ôté son passe-montagne, les bons clients comme nous n'étaient pas si nombreux.

Tandis que nous roulions en ville, tout gazomètre dehors, nous avons entendu à plusieurs reprises Monsieur Beulet saluer des connaissances d'une voix joviale et assurée. Monsieur Beulet, honnête artisan, bon chrétien et bon père de famille, était apprécié de ses concitoyens. Pour éviter le point de passage de la ligne situé sur la nationale cent cinquante et un, il avait élaboré un itinéraire compliqué, empruntant d'abord la route de Salbris, pour bifurquer ensuite vers Guéret, puis Argenton, par des routes de campagne. Vous ne connaissez pas le Berry, Dolorès, c'est un beau pays. L'air du dehors nous lavait des odeurs de sueur et de tabac incrustées dans les rideaux, la literie et les carpettes crasseuses de l'hôtel Estrella. Je me régalais à la vue des arbres et des buissons sans feuilles, de la terre noire et gelée, et du grand ciel traversé d'oiseaux que je pouvais apercevoir par-dessus l'épaule du conducteur en me tordant bien le cou. La bonne tête de ce père tranquille m'aidait à oublier la face jaune du patron de l'hôtel et la main aux ongles épais du veilleur de nuit. Dans le frais matin, j'ai traversé en clandestine un pays où, cinq ans auparavant, je venais à la belle saison en villégiature avec ma mère. En ce temps-là, j'aurais traité de fou celui qui m'aurait prédit les péripéties à venir.

Les outils et les fils électriques faisaient d'excellents joujoux et Maximilien ne tenait pas en place, j'ai dû me fâcher sérieusement pour qu'il consente à se tenir tranquille. Celle qui grondait, c'était moi, il le savait. En vrai polisson il tentait de m'amadouer par des caresses, en me donnant du « Azelle » à n'en pas finir. C'était ainsi que le sévère « Mademoiselle » avait pris dans sa bouche des allures de mot doux, il ne m'a jamais appelée autrement. Je tenais bon, les manières du petit m'attendrissaient sans me faire céder. Être exigeant avec ceux que l'on aime est un service à leur rendre, il faut commencer très tôt. Vous avez été trop indulgente avec votre Ramon, Dolorès, il en paye les conséquences aujourd'hui et vous avec, ça n'est pas faute de vous avoir mise en garde.

Les petites routes empruntées par Monsieur Beulet, déjà peu fréquentées en temps ordinaires, l'étaient moins encore à cette époque de l'année où bêtes et semences se reposent. Depuis la sortie de Bourges nous avions en tout et pour tout croisé quelques vélos et une camionnette dans le genre de la nôtre. « Vous avez l'air fatigué, Mademoiselle Drot, dormez un peu. » Madame en avait de drôles, comment aurais-je pu dormir, je vous le demande, j'avais sans cesse l'œil sur Maximilien et j'avais peur. C'est elle qui s'est endormie, en dépit des cahots.

« C'est bon. » Monsieur Beulet souriait en ouvrant la porte arrière. « Descendez un peu pour vous dégourdir les jambes. » La ligne était franchie, il faisait glacial et c'était délicieux. Les bonnes manières au placard, je me suis étirée longuement, voluptueusement sur le bord de la route, bras au ciel, yeux fermés et visage à la renverse face au soleil d'hiver, sous le regard heureux et légèrement surpris de Madame. J'étais contente.

Par deux fois, en deux ans, ma position de domestique m'avait donné l'occasion de rendre de grands services à mon prochain, mes maîtres en l'occurrence. Je n'en espérais ni récompense, ni décoration, mais j'éprouvais la profonde satisfaction du devoir accompli, quand celui-ci vous porte au-dessus de vous-même. Cela valait bien la peine de s'être fait culbuter sur un lit, quatre ans en arrière, par un oncle sans scrupule. Au bout du compte, je suis un soldat, Dolorès, un bon soldat.

Maximilien s'est lancé sur ses petites jambes, à l'assaut des mottes de terre. Je l'ai laissé faire. Le spectacle de la silhouette gambadante et maladroite nous a fait rire Madame et moi, nous avons échangé un de ces regards qui depuis le départ de Paris étaient devenus notre principal mode de communication, disant tour à tour l'angoisse, la peur, le soulagement, celui-ci disait la joie.

Partis à huit heures, nous avons atteint Le Mesnil à midi passé. Sur ordre de Madame, j'avais volontiers pris place devant, à côté du chauffeur. Le spectacle de la belle campagne française, tenue comme un jardin et vierge de toute trace allemande, me rassurait et me faisait plaisir. J'étais chez moi. Pour ne pas se faire remarquer loin de ses marques habituelles, Monsieur Beulet a stoppé la camionnette à l'entrée du parc, nous laissant faire les cinq cents mètres restants à pied, nous n'étions plus à un effort près. Avant de quitter notre passeur, j'ai voulu lui remettre l'enveloppe préparée la veille au matin par Monsieur Ernest. Vous auriez dû voir son expression indignée. Le refus a été catégorique. C'est alors que, sortant de la passivité dans laquelle elle se réfugiait le plus souvent depuis la proclamation du statut des juifs, Madame s'est approchée, souriante, enjôleuse et déterminée. « J'insiste. Si cet argent peut aider des familles dans la détresse, comme vous nous avez aidés, je vous supplie de l'accepter, c'est une faveur que je vous demande, je vous en prie Monsieur Beulet. » On ne lui résistait pas, j'étais payée pour le savoir, il l'a embrassée, ce qui n'était pas indispensable, et il a pris l'enveloppe. Pressée de poser les valises, j'ai suggéré que nous mettions un terme à ces effusions, Maximilien était fatigué et moi aussi.

Un maquillage outré, un invraisemblable chinchilla, des escarpins de daim à très hauts talons, c'est dans cette tenue que Madame Chambard-Martin mère m'est apparue pour la première fois, à la porte de son manoir. Son accueil a été aussi chaleureux que sa tenue était extravagante. Elle a pris Madame dans ses bras, l'appelant sa très chérie, m'a serré la main longuement, a couvert Maximilien de baisers. Elle embaumait *Bellodgia* de Caron, dont elle avait dû renverser un flacon entier sur sa personne. Je ne m'y connais guère en parfums, je m'en méfie, mais celui-là je le connaissais, c'était celui de Madame. J'en garde un fond de bouteille dans mon armoire que je respire parfois quand elle me manque.

On gagnait le sous-sol par un escalier de pierre en colimaçon. Il faisait bon chaud dans la grande cuisine un peu sombre, voûtée comme une crypte et dallée de grès, où la cuisinière entretenait sans cesse un feu vif dans deux grands fourneaux noirs aux poignées de cuivre rouge. Je n'aurais pas cru deux ans auparavant qu'une large tranche de jambon cru et une assiette de navets fondants pouvaient procurer un tel bonheur. Je revivais, tout simplement. L'épaisseur considérable des murs, les grandes cheminées et un calorifère alimentés par une inépuisable provision de bois tenaient le froid à une distance convenable du manoir. Paisible, élégant au milieu de son parc, il semblait échapper à la guerre. Ce sentiment se renforçait de l'insouciance et de la frivolité de la propriétaire des lieux, nous étions arrivés dans un autre monde.

Un débarras meublé d'un lit-cage et d'une table de toilette était censé faire une chambre de bonne. Madame Chambard-Martin s'est excusée de ne pouvoir me donner de meilleur logement avec un grand sourire et un exaspérant « À la guerre comme à la guerre ». J'avais retrouvé mon rang de domestique, quelque peu oublié durant le voyage. Je n'irai pas jusqu'à dire que j'en étais enchantée.

J'ai eu trente ans le dix-sept mars mille neuf cent quarante-deux, au Mesnil, où nous étions réfugiés depuis plus de deux mois. J'avais retrouvé la Madame Treives de mes débuts, rieuse et enjouée. Elle s'était remise à la musique, chantait des airs de *La Périchole* et de *La Flûte enchantée*, accompagnée au piano par Madame Chambard-Martin avec laquelle elle s'entendait à merveille. Elles parlaient chiffons, colifichets et autres sottises, échangeaient des noms et des adresses, comméraient sur leurs connaissances communes, riaient comme des gosses. Les trente années qui les séparaient ne faisaient pas obstacle à leur amitié, au contraire. Ravie, la cadette écoutait l'aînée, tandis que celle-ci, séduite par une jeunesse lui rappelant la sienne, jouait de l'autorité que lui conféraient son âge et son expérience. Par temps sec, elles partaient toutes deux pour de petites excursions, protégées du froid sous de somptueuses couvertures de fourrure dont les commodes et les coffres de la maison débordaient. Madame Chambard, qui s'y connaissait en chevaux, conduisait elle-même le tilbury qui avait repris du service depuis le rationnement de l'essence. Elles visitaient les églises romanes des alentours et les curiosités de la région. Elles rendaient des visites. Madame Chambard avait conseillé à Madame Treives, Tinère en la circonstance, de paraître à la messe du dimanche. « Vous avez assisté à suffisamment de mariages et d'enterrements à Sainte-Clotilde et à Saint-Honoré-d'Eylau pour vous y tenir comme il faut. » J'étais rentrée dans mon rôle, Madame n'avait plus tant besoin de moi.

Au Mesnil, j'étais femme de chambre et bonne d'enfants, un point c'est tout. On y parlait de la guerre le moins possible, on faisait mine d'adorer les bettes, les rutabagas et les topinambours, et pour les œufs, le lait et le beurre, les fermiers de Madame Chambard y pourvoyaient. La mère de Monsieur Hervé était une heureuse nature. La grande affection qu'elle se portait à elle-même rejaillissait heureusement sur ses proches, son personnel et ses amis. Elle interdisait à quiconque de gâter son plaisir, fût-ce Adolf Hitler. L'immense hôtel particulier de la rue de Grenelle impossible à chauffer, la nourriture rare et mauvaise lui avaient fait quitter Paris. Son goût pour la musique, elle jouait très gentiment du piano, et pour les chevaux permettait à cette Parisienne de supporter agréablement son séjour campagnard. Dans la bibliothèque, une discrète photo du Maréchal Pétain était posée sur le poste de radio où elle écoutait la BBC de temps à autre, parce que, disait-elle, il fallait se tenir au courant, que la guerre n'allait pas durer toujours et qu'après tout, on n'en connaissait pas l'issue. Elle distrayait Madame Treives de son chagrin, elle l'avait rendue à elle-même. La ride apparue au front s'estompait.

Le jour de mes trente ans, un mercredi, fut l'un des plus maussades de mon existence, je l'ai passé les dents serrées et la rage au cœur, au milieu d'étrangers qui ne se doutaient de rien. Pour le célébrer je me suis rendue à la messe de sept heures. Abritée de la pluie et du vent sous un grand parapluie de berger pris à la cuisine, j'ai parcouru frissonnante et tête baissée les deux kilomètres qui séparent le manoir de l'église. Le temps était à l'unisson de mon humeur, détestable. La communion ne m'a pas consolée. À mon retour, comme Madame et Maximilien dormaient encore, j'en ai profité pour prendre le tub hebdomadaire auquel le personnel avait droit. Contrairement à Versailles, où la saleté était assez bien portée, la propreté était la deuxième religion chez les Treives, après l'amour de l'art. Je n'étais pas tombée dans ces exagérations païennes, mais j'avoue que j'avais pris goût à me laver. La cuisinière, qui était brave, m'a aidée à monter les brocs d'eau chaude dans le cabinet de toilette réservé aux domestiques, au deuxième étage sous les combles entre le grenier et mon débarras. Une vaste cuvette à haut bord, émaillée de bleu, avec brocs et seaux assortis, était posée par terre au milieu de la petite pièce carrelée de rouge, meublée d'une petite table en pitchpin, et d'une chaise paillée pour poser ses affaires. Il y faisait froid. Toute nue, dans un mouvement qui m'a surprise moi-même, je suis montée sur la chaise afin de m'apercevoir comme je pouvais dans le miroir haut perché et de guingois qui nous était consenti. Ma nudité m'était parfaitement inconnue. Il n'y avait chez ma mère ni baignoire, ni glace en pied. Depuis notre arrivée au Mesnil je connaissais bien mieux que le mien le corps charmant de Madame Treives que j'aidais à sortir de son bain pour l'envelopper dans son grand peignoir éponge. Ce que j'ai vu m'a rassurée, j'étais très présentable. Malheureusement, la marchandise avait été gâtée et ne pourrait plus profiter à personne, triste constat pour une femme de trente ans. En cadeau d'anniversaire je me suis offert un tub et des mauvaises pensées. Le délicieux sourire d'avant-guerre que Madame m'a adressé quand je lui ai porté, au lit, la soupe aux légumes qui avait remplacé le thé de chez Corcelet et qu'elle avalait, ma foi, de bonne grâce, n'a fait qu'accroître mon ressentiment.

La bonne santé de Maximilien et les joues rouges que lui faisait le grand air me donnaient des satisfactions, mais la grande ville, le Canon de Villiers, les compliments de Jacques et les nouvelles du monde me manquaient. Je m'ennuyais ferme. L'insouciance affichée de Madame Chambard-Martin me scandalisait, la docilité de Madame à son égard et leur complicité de femmes gâtées m'irritaient. Je guettais avidement les informations et je me réjouissais quand des attentats contre l'ennemi étaient signalés. J'aurais aimé que ces actes de guerre soient le fait de bons Français, malheureusement, dans bien des cas, c'étaient des communistes qui s'en chargeaient. Par parenthèse, ils auraient pu choisir le bon côté un peu plus tôt, mais que voulez-vous, Dolorès, en temps de guerre, on a les alliés qu'on peut.

Laver et repasser les effets de Madame, lui porter son petit déjeuner et l'aider à sa toilette, donner un coup de main à l'office, passer les plats à table, faire quelques travaux de ravaudage à la lingerie et avoir Maximilien à ma charge entière occupaient mes mains et mes journées, mais mon esprit était tourmenté et ailleurs. Que le temps soit mauvais ou beau je consacrais mon heure de repos à parcourir les chemins départementaux sur une vieille bicyclette prêtée par Madame Chambard. Un béret basque enfoncé sur la tête, une cape de pluie roulée dans la besace de toile cirée que je portais en bandoulière, je pédalais aussi loin, aussi fort que je le pouvais pour oublier ma mère, ma fille, mon oncle, ma vie brisée, et cette guerre perdue. Je sortais de ces courses solitaires en sueur et la tête vide. En prime, le vélo me faisait des mollets d'acier, et je commençais à bien connaître les bords de la Creuse, qui sont très beaux. J'évitais Le Mesnil, les visages fermés, les regards curieux des gens du village où je ne me rendais que pour la messe du dimanche. Le curé de la paroisse, qui avait un cheveu sur la langue et une perpétuelle goutte au nez, louait sans retenue les mérites du chef de l'État et les vertus de l'occupant dans ses prêches du dimanche. Il me faisait honte et je ne me serais confessée à lui pour rien au monde. Les occasions de pécher étaient réduites, le rythme de mes confessions s'en était trouvé réduit de même, j'allais tous les quinze jours à Saint-Gaultier, un village voisin, où le prêtre me convenait davantage. Je pensais à Mère Marie-Joseph, je lui envoyais régulièrement de l'argent et de ces cartes remplies d'avance, autorisées par la puissance occupante. Que faisait-elle dans ces mauvais jours, que m'aurait-elle conseillé, quel temps faisait-il à Versailles ?

« Mon mari est à Londres, il a rejoint la France libre, Monsieur Hervé vient de me le dire. » J'étais dans le cabinet de toilette jouxtant sa chambre, je m'apprêtais à lui tendre sa chemise de nuit en crêpe de Chine rose incrustée de chantilly, assommante à repasser, quand Madame, appuyée au chambranle de la porte, comme pour s'y soutenir, a chuchoté ces mots, si bas que j'ai pensé mal entendre.

Avertie de la probable venue de Monsieur Hervé quatre jours auparavant, je ne tenais plus en place. Sa visite allait dissiper l'ennui qui m'habitait depuis notre installation au Mesnil. Il apporterait des nouvelles de Paris, de la guerre, de l'étranger peut-être, et puis, j'aurais mauvaise grâce à cacher le simple plaisir que j'attendais de sa présence. Les quatre journées passées à l'attendre ont été fastidieuses au possible. Il est arrivé le cinq juin, tard dans la soirée, le cocher avait été le chercher à la gare d'Argenton. Il faisait tiède et encore jour. Au bruit de la voiture à cheval remontant l'allée de marronniers qui menait de la route au manoir, ces dames, qui attendaient au salon toutes fenêtres et portes ouvertes, se sont précipitées sur le perron. De la fenêtre de la salle à manger des enfants où je faisais dîner Maximilien, j'ai vu Madame se jeter au cou de Monsieur Hervé, comme elle ne l'aurait pas fait pour son mari.

Fatigué par un voyage long et inconfortable, un peu moins enveloppé peut-être, le teint un peu moins frais qu'à l'accoutumée, il paraissait néanmoins en très bonne forme. Par bien des aspects, Monsieur Hervé tenait de sa mère. Il était l'aîné de ses trois enfants et, manifestement, le préféré. Il avait son entrain, sa perpétuelle bonne humeur, et son insubmersible amabilité. Comme elle, il était aimé de tous. Le dîner fut somptueux, gigot, galettes de pommes de terre et deux bouteilles de nuits-saint-georges, le bourgogne préféré de Monsieur Hervé et de sa mère. Les domestiques n'ont pas eu droit à ces bonnes choses. Vous n'imaginez pas combien ces pommes de terre dorées, cette viande, cette sauce brune et grasse me faisaient envie. De dépit, j'ai imprimé à ma manière de passer les plats une brusquerie inaccoutumée qui faisait lever un sourcil étonné et réprobateur à Madame Chambard. Décidément je n'étais ni de la cuisine, ni du salon, je n'étais de nulle part et je le suis restée. À l'heure où je suis rendue cela n'a plus aucune importance.

Après le dîner, j'ai conduit Maximilien au salon pour qu'il dise bonsoir à la société. La permission de veiller un peu lui avait été accordée en l'honneur de celui qu'il appelait « parrain ». Dans son pyjama de finette blanche à liserés rouges et sa robe de chambre écossaise, avec ses boucles et ses grands yeux, il était adorable. Monsieur Hervé l'a pris dans ses bras, l'a lancé en l'air, et, en le rattrapant l'a embrassé sur les deux joues, « de la part de ton papa, mon bonhomme ». Madame a cessé de rire. Une fois son tour de piste terminé, Maximilien est revenu vers moi pour que je le monte à sa chambre. La porte du salon refermée, moi aussi je l'ai pris dans mes bras et je l'ai serré très fort en montant l'escalier. Max ignorait que je n'étais pas des leurs, et s'il l'avait su, il s'en serait moqué, nous avions besoin l'un de l'autre. La marraine, la seule, la vraie, c'était moi. Je l'ai bordé dans son lit, et comme tous les soirs, en guise de prière, j'ai tracé sur son front un petit signe de croix déguisé en caresse, ce que je fais toujours, chaque fois que je le vois.

Le lendemain matin j'ai fait en sorte de porter le petit déjeuner à Monsieur Hervé. Il occupait sa chambre de jeune homme au premier étage à côté des appartements de sa mère. Le mobilier n'avait pas bougé depuis son adolescence, lit bateau en acajou, fauteuil Voltaire tendu d'une toile de Mayenne tilleul assortie aux doubles rideaux, bureau Restauration et vieille armoire berrichonne de bois foncé. Aux murs, des gravures de Carle Vernet donnaient à cette pièce un caractère convenu et résolument viril. Monsieur Hervé, rose, en chemise de nuit de popeline filetée bleu et blanc, les cheveux en désordre, tout sourire et confortablement appuyé sur ses oreillers de plume, était l'image de la prospérité et de la bienveillance.

Tandis que je montais les escaliers, l'odeur enivrante du café que Madame Chambard avait distrait de sa réserve personnelle pour son fils chéri m'avait empli les narines. L'odeur du café fraîchement passé est admirable, Dolorès. Contemplant avec satisfaction un petit déjeuner comme on n'en faisait plus, tartines grillées, beurre, confiture, Monsieur Hervé m'a fait signe de m'asseoir au pied de son lit. « Si Monsieur désire me parler, je peux très bien rester debout », ai-je répondu en allant tirer les rideaux et ouvrir la fenêtre sur une journée de juin qui promettait d'être caniculaire.

Des rêves de pommes de terre sautées et de côtelettes d'agneau avaient peuplé ma nuit.

Contrariée par la soirée de la veille, mal disposée à l'égard du monde entier, je me barricadais dans mon rôle de servante. « Vous êtes embêtante, Mademoiselle Drot, avec vos airs de duchesse, j'ai effectivement des choses à vous dire, allez chercher un verre à dents à côté et prenez un peu de café avec moi. » La fierté a ses limites, je ne me le suis pas fait dire deux fois. Assise bien droite aux pieds de cet homme charmant, j'ai bu un verre de café chaud et sucré, le premier depuis deux ans, c'était délicieux. Monsieur Hervé souriait. « Vous êtes mignonne comme tout avec votre petit doigt en l'air, n'empêche, vous êtes comme tout le monde, vous trahiriez les vôtres pour un plat de lentilles », m'a-t-il dit en me tendant sa cuillère pour tourner le sucre. Il a repris son sérieux. « Est-ce que Madame Treives vous a parlé ? » J'ai hoché la tête affirmativement. « Madame m'a dit que Monsieur Ernest avait rejoint la France libre.
– Ça n'est pas tout. Lucien a été arrêté il y a deux mois pour faits de résistance. Il a été emprisonné à Fresnes et, il y a trois semaines, à l'occasion d'un transfert, il s'est évadé de façon spectaculaire avec deux autres prisonniers. Il a vraisemblablement pris le maquis. On est sans nouvelles. C'est à la suite de son arrestation qu'Ernest s'est décidé à gagner Londres. » Il avait abandonné le ton de la plaisanterie. « J'ai un service à vous demander, Mademoiselle Drot, dont j'aimerais que vous ne parliez à personne. »

J'étais blasée. Du bain à préparer, des boutons à recoudre, des lits à faire, des tickets de rationnement à collecter, au franchissement de la ligne de démarcation, en passant par un accouchement prématuré, j'avais bien pris l'habitude que l'on me demande dans cette famille toutes sortes de services. J'ai bu mon café lentement pour faire durer le plaisir, de son côté Monsieur Chambard a tranquillement fini sa tartine, puis il a pris sur la table de nuit un très joli fume-cigarette en ébène et ivoire, dont il a rallumé le mégot de taille respectable abandonné la veille. « Je dois remettre un paquet à un taxidermiste qui travaille à Saint-Gaultier. Son excellente réputation s'étend bien au-delà du canton, on venait même le voir de Paris avant guerre, j'imagine que par les temps qui courent ses affaires sont sacrément ralenties. » Il tirait une bouffée entre chaque phrase. « Nous étions très liés dans notre jeunesse, nous avons beaucoup chassé les papillons ensemble, et puis nous nous sommes fâchés pour des bêtises. Les gens s'étonneraient et jaseraient de me voir aller chez lui, surtout en ce moment. Vous me rendriez service en lui portant ce paquet de ma part. Le mieux serait de trouver un prétexte, faire empailler un petit oiseau par exemple. » Je n'ai pas posé de question sur le contenu du paquet, mais je n'en pensais pas moins.

En quatre mois j'avais appris à connaître

Madame Chambard, sa souplesse, son adaptabilité, sa volonté intraitable au service de son bien-être et ses accès de générosité. Son fils lui ressemblait étonnamment. L'un et l'autre s'arrangeaient pour passer la guerre au mieux. Le marché de l'art était en bonne forme, l'étude de Monsieur Chambard, spécialisée dans le dix-huitième siècle français, tournait très gentiment, les juteuses transactions en sous-main venaient gonfler des gains déjà considérables. Monsieur Chambard traitait sans états d'âme avec les officiers allemands amateurs de belles choses qu'il rencontrait chez la belle-fille de Laval, ce qui ne l'empêchait pas d'être fidèle envers ses amis, juifs ou non, et de donner à l'occasion des coups de main à la Résistance. Il aimait la vie, n'était ni jaloux, ni envieux, et n'avait de revanche à prendre sur personne, je pouvais lui faire confiance. Néanmoins le plateau dans une main, l'autre sur la poignée de la porte, je l'ai regardé bien en face. « Vous ne me demanderiez pas de faire quelque chose en désaccord avec ma conscience, n'est-ce pas Monsieur Hervé ? – Cela va sans dire, Mademoiselle Drot. » J'allais sortir quand il m'a arrêtée d'un geste. « Ce que je vous demande n'est pas sans danger, Mademoiselle, je préfère vous prévenir. » Cela aussi allait sans dire.

Du haut de ses deux ans tout neufs Maximilien me regardait d'un air surpris et contrarié. Nos promenades quotidiennes avaient pris un tour qui lui déplaisait. Je ne l'emmenais plus saluer un par un les grands arbres du parc, je ne m'attardais plus sur les innombrables trésors que recelait la nature, scarabées, vers de terre, glands, plumes, ou cailloux, exigeant qu'il les nomme après moi. Depuis trois jours, sans un mot, je remuais la terre du bout de mes chaussures, j'écartais nerveusement les branches des taillis, je soulevais des pierres avec impatience. J'étais à la recherche d'un animal mort de taille décente et je n'en trouvais pas. La promenade s'achevait rituellement par une visite aux écuries, où, pour son plus grand plaisir, Maximilien donnait le bonjour à Mélissa, la gentille jument irlandaise de Madame Chambard. Là aussi j'avais fouillé dans les coins et fourragé dans la paille sans succès. C'est finalement à la cave que j'ai trouvé mon bonheur en descendant chercher une bouteille de nuits pour le dîner. Le petit mulot s'était pris une patte dans un casier à bouteilles et n'avait pu s'en défaire. Du bout des doigts, passablement dégoûtée, je l'ai attrapé par la queue, je l'ai roulé dans mon mouchoir et je l'ai mis dans la poche de mon tablier.

La boutique se tenait dans la dernière maison d'une ruelle en pente conduisant aux berges de la Creuse. Dans la vitrine, une pie, perchée sur une branche morte en guise de socle, contemplait les

passants de son œil de verre tandis qu'à ses côtés un écureuil, la queue en panache, tenait une noisette dans sa petite griffe figée. J'ai posé sur le comptoir la dépouille du minuscule mulot. L'homme en blouse grise m'a lancé un regard incrédule. « Vous souhaitez faire naturaliser ça ?
– C'est Monsieur Chambard qui m'a conseillé de venir vous voir. »

Une tignasse grise comme sa blouse, grand, mince et un peu voûté, des yeux dorés derrière de grosses lunettes à monture simili-écaille, Henry Grandjean faisait plus vieux que son âge. De la pointe d'un instrument d'acier poli, semblable à un harpon miniature, il tournait et retournait la petite bête dont le poil était déjà terni. « Je dois également vous remettre ceci de sa part. » J'ai sorti de mon sac le paquet rectangulaire, enveloppé de papier kraft et de taffetas gommé, et je l'ai placé à côté du mulot. Il a pris le paquet d'une main longue et d'apparence fragile, aux ongles presque bleus à force d'être blancs, qu'on imaginait mal dépouiller, saigner, éviscérer et recoudre les proies des chasseurs pour en faire des trophées impérissables. « Hervé, que devient-il, toujours aussi coureur ? » La question était directe, ma réponse le fut aussi. « Que Monsieur Chambard soit coureur, c'est possible ; autant qu'avant, je ne saurais le dire, vu que je ne le connais que depuis quatre ans, et que je le connais mal. » Fermant à demi les yeux,

Henry Grandjean a passé la main dans ses cheveux, comme pour repousser à l'arrière de son crâne une pensée désagréable, d'un geste dont j'observerais par la suite qu'il lui était familier. « Venez, je vais vous montrer ce que je peux vous proposer », a-t-il dit, faisant glisser le paquet dans sa poche.

Pour rejoindre son bureau, il fallait traverser une vaste pièce dont les murs et le sol étaient carrelés de blanc. Dans une vitrine qui occupait un mur entier, des bocaux pharmaceutiques et une impressionnante collection d'instruments chirurgicaux étaient soigneusement rangés, il régnait une odeur de viande fraîche et de formol qui m'a donné envie de vomir. Sous la vive lumière de la verrière, le cadavre d'un chien ouvert en deux sur toute sa longueur, crucifié aux quatre pattes et tout sanguinolent, attendait sur une paillasse qu'Henry Grandjean s'occupe de lui. « Ne faites pas attention. C'est un vieux monsieur qui me l'a confié, c'était toute sa famille. » Il sourit d'un long sourire semblable à celui de l'ange de Reims, qui lui plissait les yeux et ne découvrait pas les dents. « Depuis la défaite, je ne fais plus que les vieux chiens, puisque la chasse est interdite et que les chats sont mangés en civet. Les bêtes seraient bien tranquilles pendant les guerres, si on ne les traquait pas pour les bouffer. » La petite cour, ouverte par un côté sur la rivière, m'a fait l'effet d'un paradis avec son carré de plantes aromatiques, son banc de bois peint en vert, et le vélo d'homme qui y était appuyé. J'ai respiré un grand coup.

Des bibliothèques couraient tout le long des murs, la table disparaissait sous les livres, d'autres étaient posés en piles à même le parquet et il y avait partout des boîtes à papillons. C'était le bureau d'un savant ou d'un lettré, d'un solitaire en tout cas. Deux fenêtres grandes ouvertes donnaient sur la rivière. On voyait une petite brume de chaleur monter de l'eau, des pêcheurs immobiles, et les branches des saules qui bougeaient à peine. Je me suis assise dans un joli fauteuil au dossier étroit, canné et inconfortable pendant qu'il cachait le paquet derrière un gros dictionnaire entomologique. « Hervé vous a-t-il parlé d'autres livraisons ? » Monsieur Hervé ne m'avait parlé de rien. « Le paquet lui a été confié à Paris par Bernard, c'est ce qu'il m'a dit de vous dire et c'est tout ce que je sais. » Henry Grandjean a hoché la tête. Il avait le regard paisible et pénétrant de ceux qui ne se soucient pas de l'opinion d'autrui. « Vous aimez les livres, Mademoiselle ? » J'aime la lecture, Dolorès, vous le savez, quant à aimer les livres pour eux-mêmes j'avoue que je ne m'étais jamais posé la question. Mis à part les missels, les usuels et les livres de cuisine, il n'y en avait pas chez ma mère qui se méfiait de la littérature. D'un large geste du bras Henry Grandjean a désigné les bibliothèques. « Comme vous voyez, moi je les aime. Et puis j'herborise dès que je peux », a-t-il ajouté en indiquant deux rayonnages entiers consacrés à de hauts cahiers reliés de toile cirée noire, soigneusement étiquetés et numérotés. Il a tiré d'une des bibliothèques un très vieux volume de maroquin rouge, illustré de gravures sépia qui représentaient les bords de la Creuse et la région d'Argenton. « C'est un de mes trésors, il est très vieux et assez frais. » Dégageant un coin de table, il l'a posé devant moi, bien à plat et avec beaucoup de précautions. Nous l'avons feuilleté ensemble pendant qu'une abeille entrée par la fenêtre faisait le tour de la pièce en bourdonnant, pour s'en aller comme elle était venue. Je n'avais pas vu le temps passer, Maximilien allait se réveiller de sa sieste, je devais partir. « Pour votre petite bête, elle sera prête d'ici quinze jours, j'espère que vous n'êtes pas trop pressée. » Nous avons ri. J'ai fait la route du retour d'une traite en chantant *Chez nous soyez Reine*, j'étais jeune, j'étais belle, j'avais une santé de fer, des mollets de coureur cycliste, il faisait un temps magnifique, je venais de me rendre utile à mon pays et de faire la connaissance d'un homme singulier. La réflexion un peu acide de Madame, qui avait dû lever elle-même son fils, m'a laissée de marbre.

Quinze jours plus tard exactement j'étais de retour à la boutique. Le mulot avait le poil luisant, l'œil vif, on aurait dit qu'il allait filer sur le bois verni du comptoir. Henry l'a poussé vers moi. « N'est-ce pas qu'il est beau ? » Dans une boîte en carton, il a installé l'animal sur un lit d'ouate, avec des gestes délicats, légers. « C'est trente francs, m'a-t-il dit en m'adressant l'un de ses jolis sourires. Si un jour j'étais amené à vous faire un présent, je ne vous offrirais pas un mulot empaillé, je tâcherais de trouver quelque chose de mieux. » Nous avons bu du vin de sureau de sa fabrication, assis de part et d'autre de la table de la cuisine.

À Versailles les hommes étaient soldats, prêtres ou rentiers, avenue de Villiers j'avais croisé des marchands, des amateurs d'art et des garçons de café, Henry Grandjean était un modèle nouveau. Tout en buvant sa liqueur, il lissait machinalement la toile cirée à carreaux bleus et rouges. « Enfants, nous étions très amis Hervé et moi. Comme c'était un cancre, ma mère, qui était institutrice, lui donnait des répétitions pendant les vacances, c'est ainsi que nous nous sommes connus. Nous passions les trois mois d'été ensemble, l'hiver, nous nous écrivions. Notre amour des papillons et des insectes nous unissait, nous étions de bons chasseurs et nos collections étaient très respectables. Hervé a laissé tomber l'entomologie pour les affaires, j'ai continué. J'avais peu de succès auprès des femmes, il en avait beaucoup. Riche et beau garçon, il m'a soufflé une jeune fille qui me plaisait, fin de l'histoire. C'est une crapule, mais je l'aime bien, et vous quelle est votre histoire avec lui ? » Vous me connaissez, je ne réponds pas aux questions. « Il n'y a pas d'histoire. Pour gagner ma vie je suis gouvernante chez des amis à lui, et patriote quand l'occasion se présente. » Henry Grandjean a murmuré : « Pour ça, les occasions ne manquent pas. » Il a changé de sujet, et a proposé de me faire connaître un coin où les orchidées sauvages poussent en abondance, à mi-chemin entre Saint-Gaultier et Le Mesnil. Épaule contre épaule, penchés sur une carte d'état-major, il m'a indiqué le chemin pour s'y rendre. Nous sommes convenus d'un rendez-vous pour le jeudi suivant. J'ai mis mon mulot à trente francs dans ma besace et je suis partie. Pour la deuxième fois, j'ai été en retard pour le lever de Maximilien.

C'est vrai qu'entre Le Mesnil et Saint-Gaultier, à la lisière de la forêt, il y a un coin de terre où les orchidées sauvages poussent en abondance.

D'août quarante-deux à mars quarante-trois, après que les Allemands eurent envahi la France entière, et que la ligne de démarcation eut été supprimée, je ne me suis pas confessée, je n'ai pas communié. J'étais en état de péché mortel. Par honnêteté, parce que je savais pertinemment que sitôt l'absolution reçue, je succomberais de nouveau, je n'ai pas demandé l'absolution. Cela aurait été trop facile. Ma situation m'obligeait aux secrets, pas aux mensonges.

Huit mois durant, j'ai passé tous mes jeudis après-midi avec Henry Grandjean. La vaisselle du déjeuner terminée et rangée, je couchais Maximilien pour la sieste, et je courais à mon rendez-vous, en robe d'été quand il faisait soleil, en cape de pluie par mauvais temps, légère dans tous les cas. Quand je rentrais le soir donner son bain au petit, le chignon de travers et les yeux brillants, Madame me lançait des regards intrigués. « Je vous trouve une mine superbe, Mademoiselle Drot, la campagne vous réussit, je ne peux pas en dire autant. » Nous étions trop proches l'une de l'autre pour qu'elle ne se doute de rien, et comme chacun sait une femme amoureuse se reconnaît entre toutes. Mais j'effectuais ponctuellement mon service, je prenais soin d'être toujours à l'heure, elle n'avait aucun angle d'attaque pour pouvoir me questionner. Le jeudi après-midi était mon jour de sortie, j'étais libre de faire ce que je voulais, et je ne m'en suis pas privée. Si cette période a été un tournant dans la guerre, elle a aussi été dans ma vie une parenthèse heureuse.

À l'heure de nous quitter Henry vérifiait ma tenue, il ôtait de mes cheveux les brindilles qui s'y étaient prises, débarrassait ma jupe des traces de terre et de mousse, vérifiait les boutons un par un, et terminait l'inspection par une claque sur les fesses, « Vous pouvez y aller, militaire ». Je pense à lui chaque jour et je prie pour ce mécréant qui se moquait de ma foi, car il faut vous dire qu'Henry Grandjean mangeait du curé. Souvent, après nous être jetés l'un sur l'autre et dévorés par tous les bouts avec une fougue dont je ne suis toujours pas revenue, nous causions. Allongés dans l'herbe, couchés sur des aiguilles de pin, à l'abri sous un auvent, repus, heureux, nous discutions de choses graves. Henry apportait une gourde de fer-blanc qui donnait à l'eau un goût de métal, des reinettes de son jardin et, les jours de chance, un morceau de fromage. L'amour donne faim. Nous mangions, nous parlions, et nous n'étions d'accord sur rien. Même sur la guerre nous n'étions pas d'accord. Si notre souhait le plus ardent était de voir la France libérée, les raisons de notre colère étaient différentes, opposées. Il en tenait pour la liberté, j'en tenais pour l'honneur. Il citait Montaigne, Diderot et Benjamin Constant, dont je ne connaissais pas une ligne, et me riait au nez lorsque j'invoquais Bayard, Turenne, Jeanne d'Arc ou le Maréchal Foch. Quand j'enrageais de voir la France manquer à ses devoirs de « fille aînée de l'Église », il me traitait d'invétérée bigote, « elle est belle la fille aînée, une vraie pute, oui », il en profitait généralement pour me culbuter dans l'herbe une fois de plus.

Il était fait pour vivre à Paris, entre la bibliothèque Sainte-Geneviève et la bibliothèque Richelieu, dans l'anonymat rassurant des grandes villes. Resté en province, par une inertie propre à certains mélancoliques, il avait repris la pratique de son père, et avait fini par aimer ce métier bizarre qu'il exerçait à la perfection. Il vivait au milieu des dépouilles qu'on lui confiait, avec ses livres et ses collections, et faisait dans la campagne de longues courses loin des humains dont il ne recherchait pas la compagnie. Il aura fallu une guerre, Dolorès, pour qu'Henry Grandjean se décide à agir.

Passé le soulagement des débuts de son installation au Mesnil, sans aucune nouvelle de son mari ni de son frère depuis le dernier passage de Monsieur Hervé, Madame s'assombrissait à nouveau. Des échos de la grande rafle des juifs du dix-sept juillet quarante-deux lui étaient parvenus. Bien que mes pensées aient été ailleurs, la progression lente et régulière de la torpeur qui la gagnait ne m'avait pas échappé. Elle ne faisait plus ses vocalises au lit, ni pendant sa toilette, elle laissait notre hôtesse se promener et faire des mondanités sans elle et ne touchait plus aux cartes. Elle restait allongée des heures dans sa chambre sans rien faire, malgré les objurgations de Madame Chambard qui tentait de communiquer à sa protégée un peu de la joie de vivre dont elle débordait. Rien n'y faisait, Madame sombrait doucement. Le petit Max lui-même ne la distrayait plus. De temps à autre, les yeux dans le vague, elle parlait de Monsieur Lucien, elle évoquait pour elle seule des souvenirs d'enfance qui lui tiraient un sourire triste, et elle s'animait un peu le jeudi soir, après dîner, quand je l'aidais à se préparer pour la nuit. L'air de ne pas y toucher, je lui rapportais les nouvelles de la guerre dont Henry m'avait fait part dans l'après-midi. Tout en brossant ses cheveux, je l'informais des succès de la Résistance, quand il y en avait, et de l'état réel du front en Afrique du Nord, toutes informations introuvables dans la presse autorisée. Elle ne m'a jamais questionnée sur mes sources. Qu'il s'agisse de lui procurer du Baume Automobile pour protéger sa peau de princesse, ou d'informations sur la guerre qu'apparemment j'étais seule à connaître à plusieurs lieues à la ronde, Madame comptait sur moi en tout. En passant, je peux vous assurer que trouver du Baume Automobile au cœur du Berry en mille neuf cent quarante-deux est une prouesse inouïe qui aurait mérité de figurer dans les annales. Elle me souriait dans le même temps que de grosses larmes coulaient sur ses joues. « Que ferais-je sans vous, Mademoiselle Drot, et comment tout cela va-t-il se terminer ? » était son unique commentaire. « Venez Madame, que je vous masse le dos. » Elle se couchait à plat ventre sur le lit, le nez dans les oreillers et la chemise de nuit remontée jusqu'aux cheveux. Une adolescente, Dolorès, une enfant à la peau douce. Avec mes mains, qui sont sèches et chaudes, je tâchais de l'apaiser et de lui communiquer ma force. Elle s'endormait en murmurant merci, je rabattais la chemise de nuit sur elle, remontais la couverture, et je la bordais. J'étais sans nouvelles de Versailles depuis notre départ de Paris, je me demandais moi aussi si cette guerre se terminerait un jour, et je pensais à jeudi prochain.

« N'est-ce pas qu'il te plaît Hervé ? » C'était une affirmation. Une fine pluie tombait sans discontinuer depuis le matin, nous nous étions réfugiés dans un abri de berger au toit de lauses, couchés sur la couverture rêche qu'Henry prenait avec lui les jours de mauvais temps. Il promenait délicatement son index sur mon visage, avec un air de résignation et de dépit qui m'a fait rire. J'ai pointé sur lui un doigt menaçant : « Hervé Chambard est charmant, c'est vrai qu'il ne me déplaît pas, mais, Henry Grandjean, au cas où vous l'ignoreriez, j'ai dans ma vie un collectionneur de papillons et cela me suffit. » Septembre était arrivé, Monsieur Hervé était au Mesnil depuis deux jours, imperceptiblement moins détendu que d'ordinaire. Comme l'autre fois Madame avait couru pour l'accueillir, retrouvant un instant ses couleurs et son rire, mais quand Monsieur Hervé, tenant ses deux mains serrées dans les siennes, lui avait dit qu'il n'avait pas de nouvelles, elle s'était aussitôt éteinte, immédiatement rattrapée par son chagrin. Cette fois-là, pour fêter l'événement, les domestiques ont eu droit chacun à deux grosses pommes de terre trempées dans le jus du rôti, un régal. Le service terminé, réunis autour de la table de la cuisine, la cuisinière, la femme de chambre de Madame Chambard, le chauffeur et moi, nous les avons mangées religieusement.

« Au contraire de votre maîtresse, vous êtes rayonnante, Mademoiselle Drot. Vous me faites penser aux Parisiennes. Je ne sais pas comment elles se débrouillent, elles sont plus séduisantes que jamais, la guerre les stimule, elle décuple leur imagination de coquettes. » Après avoir posé le plateau du petit déjeuner sur les genoux de Monsieur Hervé, je me suis assise à côté du lit sans attendre son autorisation, nous devions parler affaires. La réserve de café de Madame Chambard était épuisée, il ne m'a pas proposé de partager sa chicorée, ce dont je ne lui ai pas tenu rigueur. Sur la demande pressante de Monsieur Ernest à la veille de son départ pour Londres, Monsieur Hervé, tuteur aryen des biens Treives, s'était installé avenue de Villiers avec son valet de chambre italien. « Je vais pouvoir donner à Jacques de vos bonnes nouvelles, il en sera enchanté. » J'ai levé un sourcil étonné. « Votre ami a pris du galon au Canon de Villiers, il est responsable de l'arrière-salle, devenue l'une des meilleures tables de Paris. J'y vais régulièrement, et je vous garantis qu'il ne chôme pas. Il me parle souvent de vous. » Que Jacques n'ait pas regardé sur les moyens de réussir ne me surprenait pas, qu'il ait fondé son succès sur le marché noir ne me surprenait pas non plus, qu'il ne m'ait pas oubliée me faisait plaisir. « J'ai une autre livraison pour vous, plus volumineuse que la précédente. » C'était Monsieur Hervé craché, Dolorès. Il allait faire bombance au Canon de Villiers, au coude à coude avec des collaborateurs et des officiers allemands, avant de venir rendre visite à sa mère chérie et de mettre dans ses bagages, entre deux chemises sur mesure de chez Charvet, des faux papiers et des tampons pour la résistance. « Il faudra vous trouver un nouveau prétexte pour rencontrer Henry Grandjean. – N'ayez crainte Monsieur Hervé, je trouverai. » Comme pour lui tout seul il a ajouté : « Henry est un être attachant, nos chasses aux papillons me manquent parfois ». À moi aussi Henry Granjean me manquerait un jour, Dolorès, et plus tôt que je ne l'imaginais.

L'automne quarante-deux a été riche en événements, c'est le moins qu'on puisse dire. Je ne vais pas vous refaire l'histoire de la Deuxième Guerre mondiale, sachez tout de même, si vous voulez comprendre ce que je vous raconte, que les Alliés, c'est-à-dire les Anglais et les Américains, qu'en temps ordinaire je ne peux pas souffrir, avaient débarqué le huit novembre en Afrique du Nord. Deux jours plus tard, le onze novembre quarante-deux, avec un sens du spectacle qui n'appartenait qu'à lui, Hitler avait ordonné l'occupation de la zone libre. Je sais que vous ne l'aimiez pas, Dolorès, mais entre nous, vous pouvez au moins reconnaître à votre Franco de n'avoir pas laissé Hitler mettre le quart du petit doigt en Espagne. Bref, la France était tristement réunifiée, et la vie quotidienne a encore empiré pour les Français qui, depuis deux ans, s'étaient installés cahin-caha dans la guerre. Pour moi je n'avais pas vu le temps passer et décembre était arrivé que je me croyais encore à la fin du mois d'octobre. J'étais amoureuse, je soignais Madame comme on soigne un enfant, et je veillais sur Maximilien que j'élevais autant que possible selon mes principes. Je m'attachais à ouvrir sa petite âme aux beautés de la nature qui est un don de Dieu, je lui apprenais ses chiffres et son alphabet. Avec une craie blanche dont il se barbouillait la figure, il faisait des bâtons sur une ardoise achetée au bazar d'Argenton, tandis que par le biais de chansons populaires judicieusement choisies, je lui inculquais quelques notions d'instruction religieuse sans que personne y trouve à redire. De temps à autre Madame le mettait au piano, mais elle perdait patience aussitôt et les leçons ne dépassaient pas les dix minutes. Je n'étais pas câline, je grondais souvent le petit garçon, j'exigeais de sa petite personne de gros efforts, mais quand Maximilien avait besoin de quelque chose, c'était vers moi qu'il se tournait. J'avais deux hommes dans ma vie, un bout de chou tout dodu et un grand maigre.

« Je veux retourner à Paris, il le faut. » Depuis la Noël quarante-deux, Madame n'en démordait pas. L'abattement avait laissé place à une incessante agitation, difficilement supportable pour son entourage. Maximilien le ressentait, dormait moins bien, faisait des cauchemars et des caprices que j'avais du mal à contenir. Monsieur Hervé était venu pour passer en famille les fêtes de fin d'année avec des cadeaux pour tout le monde, en sus du traditionnel paquet qui m'était réservé, nettement plus lourd que les précédents, et curieusement mou par endroits. En me le remettant il m'avait recommandé une vigilance accrue. Le jeudi suivant, vingt-deux décembre, en cape d'écolier de ratine bleue et grosses chaussettes de laine retournées par-dessus mes galoches, le béret sur la tête pour me protéger des quelques flocons qui tombaient, j'ai été faire ma livraison. Que le temps soit mauvais ou beau, les paysans avaient pris l'habitude de voir une domestique du manoir sillonner le pays à vélo sans regarder de droite ni de gauche, comme si elle s'entraînait pour le Tour de France. Pourtant, quand je les croisais, ils continuaient de me lancer un regard soupçonneux tout en me disant bonjour. Cette fois-là j'ai encore compliqué mon itinéraire, partant dans une direction opposée à mon but. Henry m'attendait debout sous l'auvent, la casquette sur la tête et une grosse écharpe autour du cou. Il m'a pris le paquet des mains, et, nous ruant l'un sur l'autre en dépit du froid vif, nous nous sommes payé notre heure hebdomadaire de plaisir. L'hiver est moins favorable aux bavardages champêtres que l'été, Dolorès. Après, quelque peu transis, nous avons échangé trois mots en nous rhabillant à la hâte. Sa ceinture bouclée, Henry a pris le paquet, l'a soupesé et d'un coup d'ongle il en a crevé le papier. Ce qu'il a vu lui a fait froncer les sourcils. « Hervé prend de gros risques, c'est signe que le vent tourne. »

C'est l'espoir contenu dans ces mots qui m'a sans doute fait parler, l'idée que, peut-être, cette guerre se terminerait un jour, que la victoire des boches n'était pas une fatalité, que les choses changeraient, pour les filles-mères comme pour les autres. Un genou en terre, relaçant mes chaussures et sans lever la tête, j'ai dit à Henry que j'avais un enfant. « Je sais, ma petite fille, je sais. »

Je me suis relevée, furieuse. « Comment le savez-vous ? – Calme-toi, c'est tout simple. Le corps d'une femme change après une grossesse, tu as un corps de femme, pas un corps de jeune fille, voilà tout. Ça tombe bien, je n'aime pas les jeunes filles. » C'est là-dessus que nous nous sommes quittés. À l'époque je lui en ai voulu de m'avoir devinée, mais depuis Dolorès, après ce qui est arrivé, je suis heureuse d'avoir partagé mon secret avec Henry Grandjean. On pouvait lui faire confiance, comme à Mère Marie-Joseph. Au fond, Dolorès, ils étaient de la même race, de celle des gens honnêtes, des solitaires et des rebelles.

Tout le mal est venu de Monsieur Hervé et de sa conduite le soir du réveillon. Ses deux frères avaient rejoint la maison maternelle avec leurs épouses et leurs enfants, le manoir était plein et le travail considérable. Le soir de la Saint-Sylvestre la famille a partagé de très bonne humeur un modeste pâté de lapin, arrosé d'un nombre impressionnant de bouteilles. Il faut croire que Monsieur Hervé a peu mangé, beaucoup bu et trop parlé. Le fait est qu'au moment de se mettre au lit Madame m'a souhaité une bonne année quarante-trois en m'embrassant et m'a dit qu'elle avait des nouvelles de Monsieur Ernest, qui était en vie et qui se portait bien. « Hervé l'a vu lors d'une mission qu'il a effectuée à Paris. Il paraît qu'il a maigri et qu'il a pris des allures d'homme de la rue. S'il doit revenir pour d'autres missions, je veux être sur place pour ne pas le manquer, et puis, qui sait, je pourrais peut-être aussi voir Lucien, il me manque tant. » Elle était elle-même un peu grise et s'est couchée sans faire de toilette, ce que je ne lui avais jamais vu faire, sauf à Bourges, bien entendu. Le lendemain, Monsieur Hervé s'est montré accablé quand elle l'a mis au courant de ses projets. « Je vous en conjure, Antoinette, soyez raisonnable. Personne ne sait quand Ernest va revenir, et, s'il revient, il va de soi que personne n'en saura rien non plus. Rendez-vous compte que je l'ai rencontré par le plus grand des hasards. » Sur ce dernier point il mentait, Dolorès, mais après en avoir trop dit, il se devait de tout faire pour retenir Madame au Mesnil. « Je vous ai donné ces informations pour vous rassurer et non pour que vous alliez vous jeter dans la gueule du loup. Croyez-moi, ne faites pas l'enfant. » Il pouvait toujours parler.

« Je ne vous demande pas de m'accompagner, Mademoiselle Drot, au contraire, restez ici avec Max, je partirai seule. » Comme si j'allais la laisser partir sans moi. J'avais beau marteler que l'air de Paris était mauvais pour les juifs, je disais « israélites » évidemment, que Hitler avait solennellement ordonné qu'ils soient tous arrêtés et déportés, elle s'obstinait, ignorant délibérément des faits qu'elle connaissait pourtant.

Depuis deux ans la réalité lui était proprement insupportable, la regarder en face dépassait ses forces, elle avait tenté sans succès de s'en évader, elle s'engageait désormais sur une voie fatale dont personne n'allait la détourner. En mars quarante-trois, lorsque la ligne de démarcation a été supprimée pour les Français « à part entière », et que par-dessus le marché, au mois de février, la défaite des armées du Reich devant Stalingrad a été confirmée, il est devenu impossible de la tenir. Avec les plus grandes peines du monde, nous avons obtenu Madame Chambard et moi qu'elle demeure au Mesnil jusqu'au vingt mars pour fêter ses vingt-neuf ans. Le lendemain de son anniversaire, pour la troisième fois, j'ai fait les valises et nous sommes parties. Le jour du départ, Madame Chambard, qui ne se démontait pas facilement, avait la voix nouée en claquant la portière de la voiture. « Il est encore temps de changer d'avis, ma chérie, vous faites une grosse sottise », et elle s'est tournée vers moi pour me prendre à témoin de la folie de sa jeune amie. J'ai acquiescé d'un hochement de tête excédé. Nous savions toutes deux qu'il n'y avait rien à faire. Jusqu'à ce que le manoir disparaisse à nos yeux dans le tournant du chemin, nous avons regardé par la lunette arrière la petite silhouette de Maximilien resté sur le perron aux côtés de notre hôtesse. Il n'avait pas pleuré en embrassant sa maman, mais il m'avait murmuré à l'oreille : « Tu reviens tout à l'heure Azelle. »

« Quel plaisir ! » Une large main d'homme s'est abattue sur mon épaule au coin de la rue de Lévis et de la rue Legendre, alors que je faisais un saut à Sainte-Marie-des-Batignolles pour y retrouver la Sainte Vierge que j'aimais et à qui j'avais beaucoup à dire. J'ai sursauté et, à ma propre surprise, ma crainte n'a pas cédé lorsque j'ai reconnu Jacques. Il était toujours beau mais sensiblement plus gros que lors de notre dernière rencontre un an auparavant, et voyez vous, Dolorès, entre quarante et quarante-cinq, je me méfiais des gens qui prenaient du poids. « Vous êtes de retour parmi nous ? » Il gardait la main posée sur mon épaule. De deux pas en arrière je me suis doucement dégagée et, masquée derrière un sourire des plus aimables, je lui ai répondu que je n'étais là que de passage et que je comptais regagner la campagne au plus vite, invoquant les difficultés qu'il y avait à se ravitailler dans les grandes villes. « Avec moi, vous n'auriez pas de problème, pour les amis on se débrouille toujours. » Il me détaillait des pieds à la tête, d'un regard de maquignon qui m'a déplu. « On vous a changée, Mademoiselle, vous êtes encore plus jolie qu'avant. » Il a marqué une pause et dans un sourire qui creusait sa fossette il a poursuivi : « Plus femme peut-être. » Sa vulgarité, que quelques mois auparavant je ne voulais pas voir, sautait aux yeux. J'allais reprendre ma route avec un salut gracieux et distant, mais il m'a retenue par le bras. « Passez quand vous voulez au Canon de Villiers, je vous mitonnerai quelque chose de bon. L'établissement est interdit aux juifs et aux chiens, comme le Café de la Paix, mais pour vous il est grand ouvert. » J'ai joint mon rire au sien, impatiente de lui fausser compagnie.

C'est Marcel qui, la veille, à la tombée de la nuit, nous avait ouvert la porte de service. Son expression ahurie, yeux écarquillés et mâchoire pendante, hésitant entre la peur et la joie, était franchement comique. « Madame va bien, et Mademoiselle ? » Resté avenue de Villiers au service de Monsieur Hervé, Marcel était devenu son homme à tout faire. Il remplaçait les ampoules, calfeutrait les portes et les fenêtres, débouchait les lavabos et, quand il le fallait, changeait son bleu de travail contre sa tenue de chauffeur. Il a vivement pris nos valises, claqué la porte du pied, et nous a menées à nos chambres. La mienne était telle que je l'avais laissée et je m'y serais volontiers reposée après le long voyage, mais Madame avait besoin de moi. Je me suis défaite, j'ai posé mon sac sur la petite chaise et j'ai été la rejoindre. Son excitation était tombée à l'instant où Marcel nous avait ouvert. Perdue au milieu de la vaste chambre, elle était assise sur son lit en tenue de voyage, le chapeau sur la tête, les gants à la main. Elle n'était plus chez elle avenue de Villiers, et venait de s'en rendre compte. Elle ne serait plus jamais chez elle nulle part, Dolorès. Je lui ai ôté son manteau et son chapeau, j'ai délacé ses souliers et je l'ai allongée sur le lit. « Attendez-moi là, Madame, je vais vous préparer quelque chose à manger. » Monsieur Hervé dînait en ville, l'hôtel était glacial, silencieux et plongé dans l'obscurité. En descendant le grand escalier et en traversant le hall, dont la verrière était camouflée de bleu, j'avais la gorge serrée d'angoisse et de tristesse. Une couverture sur les genoux et un bonnet sur la tête, Marcel lisait le journal dans l'office en écoutant Tino Rossi qui chantait *Bel Ami* à la radio. En m'entendant arriver, il a levé les yeux et m'a demandé pourquoi Madame était revenue. Je n'ai pas su lui répondre.

Tôt le matin, aux alentours de six heures, j'ai entendu Monsieur Hervé qui rentrait. Je commençais ma journée, il terminait la sienne. « Qu'est-ce qui lui est passé par la tête ? Je vous le demande. Elle doit retourner au Mesnil au plus vite. » Assis autour de la table de la cuisine, dans une familiarité autorisée par les circonstances, moi en robe de chambre de flanelle et lui en smoking, nous avons partagé le petit déjeuner, décidément c'était notre heure. La chicorée était claire comme de l'eau et le pain d'orge immangeable. Nous étions seuls, Marcel et la cuisinière dormaient encore. Le manque de sommeil, yeux rouges et teint gris, donnait à Monsieur Hervé une mine de noceur, qui ne le flattait pas. « Je vais lui parler, elle se met en danger et par-dessus le marché elle me met dans l'embarras. » Cet homme affable était fâché. « Elle ne m'a pas écoutée, elle ne vous écoutera pas non plus, Monsieur, mais essayez quand même, on ne sait jamais. » J'ai mis longtemps à réveiller Madame, et à la préparer. Elle était inerte. Vers onze heures, enfin prête, elle est descendue pour rejoindre Monsieur Hervé dans la bibliothèque où ils sont restés un bon moment. Ne sachant comment m'occuper dans cette maison laissée à elle-même, je me suis réfugiée dans la lingerie où une femme trouve toujours quelque chose à faire, et en effet il y avait du travail. En triant les draps dont beaucoup avaient pris des marques de rouille aux plis à force de ne pas servir, je priais Dieu que Madame se laisse convaincre. Je savais qu'il n'en serait rien.

Il faisait un joli temps de printemps pour notre première journée parisienne, vif et ensoleillé, le temps qui donne envie d'étrenner un chapeau neuf. Les jeunes femmes, à vélo et en chaussures à semelles de bois, ne s'en privaient pas. Après le déjeuner, j'ai suggéré à Madame d'aller faire un tour au parc Monceau. Indifférente, obéissante, elle a accepté. Un pan de renard roux rabattu sur la poitrine, sa jolie taille prise dans une redingote bleu roi retrouvée dans son armoire, allurée, élégante, elle marchait à pas lents, absente, princesse exilée dans son propre pays. Le jardin comptait ses habituels promeneurs, des vieux, des enfants qui couraient et se bousculaient, des mères qui bavardaient entre elles, et en prime, assis sur un banc de pierre près de la rotonde, deux soldats allemands, gamins aux joues rondes, visage offert au soleil de mars, le mégot au coin des lèvres, béats. Mon imagination s'est mise en route, je me voyais faire le tour du parc au bras d'Henry, sortir par l'allée Vélasquez, descendre le boulevard Malesherbes jusqu'à la Madeleine, prendre la rue Royale, atteindre la Concorde, puis longer les quais jusqu'à Notre-Dame, belle promenade pour un bien beau temps, Dolorès. Mais non, je donnais le bras à ma patronne, comme une infirmière soutient un malade qu'elle sait être perdu. Au bout d'une heure Madame a voulu rentrer, elle est montée dans sa chambre, me laissant ma liberté. C'est de ce moment que j'ai profité pour passer le pont afin de me rendre à l'église des Batignolles, et que j'ai croisé le beau Jacques.

Ils sont venus le lendemain, vingt-trois mars quarante-trois. Les nouvelles vont vite quand il y a de l'argent à ramasser et de la haine à nourrir. Je servais le déjeuner dans la salle à manger et je vous assure, Dolorès, que je me souviens très bien de ce qu'il y avait au menu, purée de bettes à l'eau et filets de tanche grands comme des tickets de métro. Monsieur Hervé et Madame étaient installés l'un en face de l'autre, à chaque bout de la longue table vernie. Monsieur Hervé faisait à lui tout seul les frais de la conversation que Madame ponctuait de petites interjections neutres et polies, elle mangeait à peine, promenant distraitement sa fourchette dans la nourriture. Comme la veille, il faisait soleil, les fenêtres étaient entrebâillées sur le jardin où les piafs chantaient. Au bruit du moteur, j'ai posé brusquement sur la desserte les assiettes que j'étais en train de changer, j'ai suspendu tout mouvement et Monsieur Hervé a cessé de causer. La porte du hall a claqué et des voix d'hommes parlant français sont parvenues jusqu'à nous. Le temps s'est arrêté.

Quand Marcel les a fait entrer Monsieur Hervé s'est levé brutalement en faisant tomber sa chaise. J'ai vu l'affolement dans ses yeux, mais il s'est vite ressaisi et, ramassant son siège comme il l'aurait fait de son mouchoir, il a dit d'un ton léger qu'il s'agissait d'un malentendu que ses amis de la Kommandantur dissiperaient rapidement. Un des trois policiers, le chef sans doute, sa carte à la main, lui a répondu laconiquement qu'il connaissait ses relations, et que, pour sa part, il obéissait aux ordres, puis il s'est tourné vers Madame. « Antoinette Treives ? » Les yeux baissés, elle n'avait pas bougé, les mains sagement posées de chaque côté de son assiette. « Prenez une valise avec le strict nécessaire, et suivez-nous. – Je viens. » Madame s'est levée tranquillement, elle s'est dirigée vers moi et m'a pris la main. « Venez avec moi Mademoiselle Drot. » Une dernière fois, j'ai mesuré la beauté de sa voix, une voix slave, mélodieuse, douce et un peu charnue. Nous avons monté l'escalier serrées l'une contre l'autre. Son énergie soudainement retrouvée, c'était elle qui me soutenait. Je n'ai pas eu besoin de l'aider, Dolorès, elle a attrapé un petit sac de voyage dans lequel elle avait mis une trousse de toilette, un plaid, du linge de rechange et des mouchoirs, elle l'avait préparé à l'avance, sans mon aide. Puis elle s'est approchée de la fenêtre, a regardé son jardin, et elle a dit à mi-voix, pour elle-même : « Il aurait fallu tailler les rosiers, mais maintenant c'est trop tard. » Avant de refermer la porte de sa chambre, elle s'est approchée de moi et m'a serrée dans ses bras. Je la dépassais d'une tête. J'ai respiré le parfum de ses cheveux aussi fins et légers que les miens étaient soyeux et lourds. « Max, Bénédicte, je vous le confie, ne l'abandonnez pas, et Lucien, qui s'occupera de lui ?... » Elle ne m'avait jamais appelée par mon prénom auparavant, j'ignorais même qu'elle le connaissait.

L'affaire a duré vingt minutes au plus, il n'en faut pas davantage pour changer le cours d'une vie. Nous l'avons accompagnée jusqu'à la Citroën noire, une quinze je crois, stationnée devant l'hôtel. Monsieur Hervé lui tenait le bras. Quand l'un des sbires a claqué la portière sur elle, je n'ai pas pu tenir ma langue. « Quand même, il y a des Français qui font un drôle de métier. » Le policier m'a lancé : « Si vous voulez qu'on vous embarque avec elle, vous n'avez qu'à le dire. » Monsieur Hervé m'a retenue par la manche. « Rentrons, Mademoiselle Drot, je vais arranger ça. » Ses lèvres tremblaient un tout petit peu. Un homme est passé à la hauteur de la voiture, tenant par la main une maigre petite fille des villes dont les cheveux filasse étaient ornés d'un gros nœud bleu. Il a pressé le pas, tirant derrière lui l'enfant qui, curieuse, a regardé en arrière pour tenter d'apercevoir la jolie dame dans la belle voiture. Toute menue, lumineuse, assise entre les hommes en noir, Madame me souriait. Dans certaines situations, Dolorès, Antoinette Treives ne manquait pas de panache.

Depuis quatre jours nous étions sans nouvelles et je ne dormais plus. Monsieur Hervé multipliait les démarches auprès de ses relations françaises et allemandes, allant jusqu'à faire un aller et retour à Vichy, où l'un de ses amis proches, Pierre Jardinet, qui occupait un poste important au cabinet de Laval, lui avait fait comprendre que, pour les juifs et malgré toute sa bonne volonté, il ne pouvait rien. Il revenait de ses visites découragé et mécontent. Ce jouisseur qui, jusque-là, ne connaissait pas l'échec, frappait à toutes les portes et se heurtait partout à des fins de non-recevoir. Il savait seulement que Madame avait été internée à Drancy avec les autres et qu'il n'y avait aucun moyen de la voir ni de communiquer avec elle.

En rentrant de Vichy à huit heures du soir, en pardessus et le chapeau encore sur la tête, sans même me dire bonsoir, il m'a brusquement retiré des mains la pile de torchons que j'emportais de la lingerie à l'office en passant par le hall : « Venez, Mademoiselle Drot, passez un manteau et sortons, j'ai des choses à vous dire. Je vous emmène dîner quelque part. » J'ai pris mon béret et mon imperméable accrochés à une patère de l'office et je l'ai suivi sans discuter, la tête ailleurs. La pensée de Madame ne me quittait pas. Où était-elle, que faisait-elle, comment pouvait-elle se débrouiller sans moi ? Rendez-vous compte, Dolorès que de quatre ans nous ne nous étions pas quittées. Le matin je la réveillais, je lui beurrais ses tartines, je l'aidais à sa toilette et pendant que son bain coulait nous choisissions ensemble les vêtements du jour, le soir je brossais ses cheveux, je faisais sa couverture, je préparais sa bouillotte car elle était frileuse et je lui massais le dos et les pieds lorsque le sommeil tardait à venir. Les nuits loin de Versailles je les ai toutes passées près d'elle. Depuis son arrestation, le désarroi et l'anxiété me tenaient, la nuit je marchais de long en large dans ma chambre et le jour je m'agitais vainement. J'ai reprisé un nombre incalculable de torchons et de serviettes, ciré des meubles qui n'en avaient pas besoin, sillonné le quartier en tous sens, je suis entrée dans toutes les églises, je ne cessais de dire mon chapelet, je pensais à Maximilien et à Henry, je ne savais que faire. La proposition de Monsieur Hervé a été la bienvenue.

Impasse Charles-Martel, à cinq minutes de l'hôtel en prenant par la rue de Lévis, la vitrine barbouillée de marron du petit restaurant n'avait rien d'engageant. Les carreaux n'étaient pas bien nets et les rideaux bonne femme auraient eu besoin d'un bon blanchissage. Comme partout Monsieur Hervé a été accueilli avec le sourire par la patronne, native de Cherbourg, dont les yeux bleu porcelaine, les cheveux d'un blond presque blanc et les dents éclatantes contrastaient singulièrement avec l'aspect miteux de son établissement. Mais les odeurs venant de la cuisine étaient bonnes et les clients, qui parlaient à voix basse sans regarder leurs voisins, mangeaient avec appétit. La patronne nous a installés au fond de la salle en nous annonçant le plat du jour, un poulet chasseur dont nous lui donnerions des nouvelles. Malheureusement, Dolorès, je n'avais pas faim, Monsieur Hervé non plus. En revanche, pendant qu'il me racontait ses démarches infructueuses, je buvais sans mesure le pontet-canet mille neuf cent vingt-quatre dont il remplissait continuellement mon verre. L'alcool me soulageait du poids qui pesait sur ma poitrine depuis le vingt-trois mars, lourd comme la patte d'un vieil éléphant. « J'ai eu ma mère au fil, Mademoiselle Drot, là-bas non plus les nouvelles ne sont pas fameuses. » Le poids est retombé. « Maximilien ? – Il ne s'agit pas du petit. » Il a fait une pause, a bu deux gorgées de vin et a posé sa main sur la mienne sans que je songe à la retirer. « La gare d'Argenton a sauté il y a trois jours, il y a eu de gros dégâts, un soldat allemand a été tué, et un autre a été salement amoché. » Il a repris un peu de vin. « Henry Grandjean a été fusillé hier avec deux de ses compagnons dans la cour de la caserne à Bourges. » Je me suis mordu les lèvres, et les larmes se sont mises à couler l'une derrière l'autre, le long du nez et de la joue jusqu'à la bouche et au menton pour finir par tomber en grosses gouttes sur le blanc de poulet auquel j'avais à peine touché. Du torse aux entrailles, j'ai ressenti d'un coup un vide immense au point que j'ai dû me tenir des deux mains au bord de la banquette pour n'en pas glisser sur le sol, puis la douleur est arrivée sans se presser, et elle s'est tranquillement logée dans ce vide que mon corps venait de lui préparer. Je regardais Monsieur Hervé sans rien pouvoir dire. Il a ajouté : « J'aimais bien Henry, et ma mère m'a dit que vous aussi vous l'aimiez bien. » Madame Chambard était donc au courant. J'aurais dû m'en douter, tout se sait à la campagne, et nos précautions n'avaient servi à rien. Désormais il n'y aurait plus de ragots à colporter puisque mon amoureux était mort.

Monsieur Hervé me parlait à voix basse. Il disait qu'il aimait bien Henry, que c'était un honnête homme, un homme intelligent et bon, drôle aussi, et que, dans leur jeunesse, ils avaient passé ensemble de sacrés moments. Moi aussi, Dolorès, j'avais passé de sacrés moments avec Henry. J'ai pensé à mon oncle, c'est lui qui aurait dû être tué par les Allemands plutôt qu'Henry Grandjean, cela aurait mieux valu pour tout le monde. Monsieur Hervé s'était tu, il regardait dans le vague. Nous avons bu un dernier verre et nous sommes rentrés à l'hôtel sans parler, unis par le chagrin. Derrière ses rideaux tirés, le Canon de Villiers était encore ouvert et l'on pouvait entendre du boulevard les échos d'une valse viennoise jouée par un petit orchestre. En prévision de notre retour, Marcel avait laissé une veilleuse sur une console du vestibule, immense et silencieux. « Tâchez de dormir, Mademoiselle Drot », Monsieur Hervé est allé vers la bibliothèque et je suis montée à ma chambre par l'escalier de service dont j'ai gravi lentement les hautes marches de sapin blanchies par le savon noir. J'ai entendu sonner les quarts, les demies et les heures au clocher de Saint-Charles-de-Monceau, jusqu'à ce que le jour se lève et que les oiseaux commencent à chanter à tue-tête, comme ils le font au début du printemps. Ma décision était prise, j'allais retourner au Mesnil retrouver Maximilien. Demain j'irai à Versailles, je verrai ma fille et je parlerai à Mère Marie-Joseph.

Je lui ai tout dit, ma liaison avec Henry, sa mort, l'arrestation de Madame, ma peine et mon angoisse. J'étais venue sans rendez-vous et j'ai attendu longtemps dans le préau avant qu'elle ne me reçoive. La guerre n'avait pas passé les murs du couvent, rien n'avait bougé depuis ma dernière visite. Par la fenêtre, je pouvais voir des petites filles en tablier bis jouer dans la cour, à la marelle et à la balle, j'ai essayé de reconnaître Marie-Cécile parmi elles sans y parvenir. Au bout d'une heure on est venu me chercher.

« Que peut-on faire pour elle, ma mère ? » Depuis notre dernière rencontre la peau de son visage s'était un peu parcheminée, accentuant sa ressemblance avec le christ d'ivoire pendu au mur. « Je ne sais pas, ma fille, rien probablement, ni pour elle, ni pour les autres. » Mère Marie-Joseph fixait un porte-plume qu'elle tenait en équilibre entre ses deux index au risque de se tacher les doigts. « En tout cas, vous allez pouvoir vous confesser à nouveau. » Elle a posé le porte-plume et se penchant vers moi par-dessus la table, elle m'a attrapé le menton d'une main dure. « À l'avenir tâchez de mieux tenir la bride à vos appétits et de diriger votre vie avec un peu plus de discernement que vous ne l'avez fait jusqu'ici, avec l'aide de Dieu naturellement. Quoi qu'il en soit je ferai dire une messe pour ce garçon, il avait choisi le bon côté. Je prierai aussi pour votre patronne, comme je prie pour tous ceux dont elle partage le sort, car tout porte à croire que son calvaire ne fait que commencer. » Elle s'est levée et s'est dirigée vers la fenêtre. À Versailles, les rosiers étaient moins avancés qu'à Paris. « Ceux qui sont dans l'épreuve et qui n'ont pas de religion, pas de Dieu vers qui se tourner, c'est pour eux qu'il faut prier d'abord, ils sont tellement à plaindre. Maintenant ma fille, ce qu'il vous reste à faire c'est de veiller sur l'enfant qui vous a été confié. Puisque vous ne pouvez pas prendre soin du vôtre, ayez au moins à cœur de bien vous occuper de celui qui a été remis entre vos mains et qui va avoir grand besoin de vous. » C'était l'heure des classes. La mère m'a accompagnée à travers le couvent, elle a ouvert la porte d'une salle et a appelé Marie-Cécile. Ma petite fille faisait des bâtons à la craie sur une ardoise posée à même ses genoux, exactement comme Max. Cette enfant ravissante n'a pas reconnu sa mère. En me quittant Mère Marie-Joseph m'a donné des nouvelles de ma famille qui se portait bien.

Madame Chambard était venue m'attendre à la gare de Bourges. En toque de violettes parme et manteau assorti, fardée jusqu'aux yeux, parfumée comme la reine de Saba, elle m'a serrée dans ses bras. « Ma pauvre petite, que d'épreuves en une semaine ! » J'avais déjà eu l'occasion de noter que, quoique frivole et égoïste, Madame Chambard savait parfois se montrer singulièrement généreuse. « Rentrons vite au manoir, Maximilien vous attend avec impatience, il n'a cessé de vous réclamer. Il se porte à merveille et avec ses joues roses on dirait un vrai petit Berrichon. La campagne est bonne pour les enfants. Jusqu'au retour de sa chère maman, Max est chez lui au manoir, et vous aussi, Mademoiselle Drot. » Puis elle a continué en regardant le paysage par la vitre de l'automobile : « Pendant leur adolescence, Hervé et Henry étaient inséparables. Henry venait souvent dormir à la maison. C'est vrai qu'il était charmant. Son corps a été rendu, on l'a enterré hier à Saint-Gaultier tôt le matin, il n'y avait pas grand monde au service paraît-il. » Pauvre Henry, qui ne croyait ni à

Dieu ni à Diable, il n'aurait sûrement pas voulu d'un enterrement religieux.

Maximilien s'est jeté dans mes bras, chaud, potelé, un peu en nage. « Tu serres trop fort, Azelle, tu me fais mal. Où est Maman ? » J'ai reposé le petit par terre et je me suis accroupie à ses côtés. « Maman est restée à Paris, Max. Elle m'a renvoyée ici pour que je m'occupe de toi. » Il a posé sa main à plat sur ma joue. « Quand est-ce qu'elle revient ? – Pas tout de suite Max, elle a encore des choses à faire là-bas. »

De l'arrestation de Madame à la libération de Paris, j'ai consacré ma vie à Maximilien et à la botanique. Les jeudis après-midi je retournais sur les lieux de nos rendez-vous dans les champs et les forêts autour du Mesnil. Je recueillais herbes et fleurs avec leurs racines que je déterrais soigneusement grâce à l'Opinel qui ne me quittait plus depuis que je vivais à la campagne. Je les déposais avec soin dans une vieille boîte à biscuits en métal dont j'avais garni le fond de papier journal pour que ma cueillette ne souffre pas du transport. J'avais commencé un herbier que je composais à la mémoire d'Henry. Feuilles, pétales et radicelles déployés et bien à plat, je faisais sécher les plantes entre deux buvards, dans un vieux Bottin que je rangeais sous mon lit, à côté des souliers. Je pensais constamment à Henry Grandjean, je revoyais son sourire, son épaisse chevelure, ses mains fines et adroites, je me souvenais de ses plaisanteries, de sa douceur, et de son désir. Il me manquait tout entier, Dolorès, corps et âme.

Un jeudi après-midi j'ai poussé jusqu'à Saint-Gaultier. Avril quarante-trois fut pluvieux au bord de la Creuse, et les routes glissantes. Dans le tournant, quelques mètres avant l'entrée du cimetière, ma bicyclette a dérapé, je suis tombée et je me suis fait mal, la jambe écorchée du mollet à la cuisse. Mon vélo à la main de peur qu'on ne me le vole, j'ai poussé la grille qui grinçait et j'ai marché en boitillant parmi les tombes, tantôt humbles et touchantes, tantôt ostentatoires et grotesques, comme si les anges de pierre, les grilles de fer forgé et les urnes de marbre étaient de quelque utilité pour paraître devant Dieu. Petit monticule de terre battue, au fond du cimetière, près de la cabane du fossoyeur, sans nom, sans croix, sans fleurs, celle d'Henry a été facile à repérer, elle était seule de son espèce. Ma jambe m'a fait souffrir quand je me suis agenouillée pour planter sur la sépulture d'Henry Grandjean un pied de renoncules que j'avais pris en venant, près d'une cabane qui nous avait souvent abrités. J'ai longuement et soigneusement tassé le sol autour des fleurs. Les renoncules sont des plantes solides, faciles, elles refleurissent d'année en année, en se multipliant. La pluie qui tombait dru s'est chargée de les arroser. À mon retour, ma plaie lavée et désinfectée, j'ai sorti la petite boîte en carton gris du bas de mon placard et j'ai regardé le mulot empaillé, il dormait tranquille. En me le remettant Henry m'avait promis un plus joli cadeau, il n'avait pas eu le temps de tenir sa promesse. De la terre du cimetière restait collée sous mes ongles, j'ai dû les brosser à plusieurs reprises pour m'en débarrasser.

J'avais perdu Henry, Madame était partie, il me restait son fils qui lui ressemblait chaque jour davantage. Je la voyais en lui, il avait ses couleurs, son sourire et son charme. Il grandissait près de moi et de Madame Chambard qu'il appelait « Pussy ». Entre ses visites, son bridge et ses promenades à cheval, sa culture physique et ses séances de manucure, Madame Chambard trouvait le temps de lui apprendre quelques rudiments de piano. Assise dans un coin du salon, mon panier à repriser sur les genoux, j'assistais aux leçons. C'était un bonheur de les regarder. La vieille marchande à la toilette était gaie et patiente, Max était doué, ils étaient faits pour s'entendre. Madame aurait été contente d'entendre son fils jouer les deux premières mesures de *Meunier tu dors*, note après note, en écartant bien ses petits doigts, les sourcils froncés par l'effort.

Au mois de septembre quarante-trois, Monsieur Hervé était venu passer quelques jours avec sa mère comme il le faisait chaque année à la même période. L'Italie avait capitulé la semaine précédente et la photo du Maréchal Pétain avait disparu du poste de TSF de Madame Chambard. Je vous rappelle, Dolorès, que Mussolini et Hitler étaient de grands amis, et que par conséquent ce qui était mauvais pour l'un n'était pas bon pour l'autre. Monsieur Hervé et sa mère s'enfermaient dans le bureau après dîner avec une bouteille de vieux porto, et je jurerais que c'était pour écouter la radio de Londres. Henry avait vu juste, le vent était en train de tourner, doucement mais sûrement.

« Je n'ai de nouvelles de personne, Mademoiselle Drot. » Monsieur Hervé devait rejoindre Paris le lendemain. Il nous avait accompagnés dans une de nos promenades quotidiennes, marchant à mes côtés, tandis que Max courait devant nous pour revenir sans cesse faire admirer ses trésors, pomme de pin, limace gluante, tesson de bouteille, suivi par Sultan, le vieux cocker de Madame Chambard, qui jappait, bavait et remuait la queue. « Ni d'Antoinette, ni d'Ernest, ni de Lucien, quant à Madame Wallabrègue n'en parlons pas, il y a longtemps qu'elle a fichu le camp. »

Le souci me rongeait, Dolorès. Il ne se passait pas une nuit que je ne pense au lendemain et à ce que nous allions devenir, Maximilien et moi. Je n'avais aucun droit sur cet enfant, il pouvait m'être retiré à chaque instant, j'avais peur qu'on me sépare de lui, comme j'avais été séparée de sa mère. Armée de courage, j'ai posé les questions qui me tourmentaient. « Madame votre mère me donne régulièrement mes gages, Monsieur Hervé, mais d'où vient l'argent, combien de temps cela va-t-il durer, et à l'heure actuelle qui sont mes patrons au juste ? – Ne vous inquiétez pas pour l'argent, Mademoiselle Drot, il y a de quoi vous payer jusqu'à la fin de vos jours, pour le reste, considérez-moi comme votre employeur temporaire. » Il a souri. « Je serai un patron d'un genre à part, comme vous êtes une gouvernante d'un genre particulier. » Reprenant son sérieux, il a ajouté : « Max est en sécurité ici, la seule chose à faire est d'attendre la fin de la guerre et le retour de ses parents. » Les derniers mots ont été prononcés de telle manière que ce retour annoncé m'a semblé la chose du monde la moins assurée.

J'ai attendu. Un an exactement. Une année durant laquelle je n'ai causé à personne. Je m'entends, Dolorès, je m'entretenais tous les jours avec Madame Chambard de mes tâches et des progrès de Max, elle me donnait les nouvelles de la guerre entendues à la radio anglaise, j'échangeais avec les autres domestiques les banalités ordinaires et les informations utiles à nos travaux, Max babillait sans cesse, je lui racontais des histoires, et j'allais à confesse une fois par mois. Mais je n'avais personne à qui parler d'égal à égal. Mes parlottes avec Henry, nos discussions, nos disputes me manquaient autant que le pain blanc, le café et le savon. Le soir avant de monter me coucher, pour oublier ma solitude et mes chagrins, pour tenir un moment la tristesse à distance, j'ai ouvert et j'ai lu tous les livres que comptait le manoir. Bons ou mauvais, anciens ou modernes, j'ai dévoré dans le désordre Balzac et Paul Bourget, Madame de Lafayette et Marcel Tinayre, Saint-Simon et Agatha Christie, la *Vie des hommes illustres* et Claude Farrère. J'attendais avec impatience la fin de la journée pour reprendre mon livre, et, pendant quelques heures, vivre une autre vie. Et puis, à l'aide du *Traité élémentaire de botanique appliquée* de Monsieur Pouchet acheté à la libraire d'Argenton, je continuais mon herbier.

Monsieur Ernest, habillé en soldat, nous attendait à la porte de l'hôtel qu'encadraient des sacs de sable destinés à protéger les murs des balles perdues. Maigre, chauve, bronzé, une cigarette à la main, n'eussent été le lieu et les grands yeux bleus sans vie, je ne l'aurais pas reconnu. Les beaux costumes et les chaussures sur mesure du marchand d'art avaient été rangés dans la naphtaline et le papier de soie pour cause de Résistance. Trois jours plus tôt, il avait téléphoné au Mesnil, il était de retour. Rentré dans Paris le vingt-quatre août avec les troupes du Général Leclerc, il voulait voir son fils. Je faisais déjeuner Maximilien à l'office, j'avais toutes les peines du monde à lui faire avaler des crosnes en sauce blanche quand, toute mousseline dehors, Madame Chambard qui, depuis le six juin quarante-quatre, était devenue gaulliste fervente et anglophile enthousiaste, nous a annoncé la nouvelle. J'ai fait les valises.

Monsieur Ernest se tenait à l'endroit même d'où Madame avait été emmenée, il regardait son fils. Plus précisément, Dolorès, il regardait les cheveux de son fils, les courtes boucles d'un blond cendré, que le vent léger faisait bouger autour de la tête de l'enfant, les mêmes exactement que celles de Madame. « Azelle, c'est ce monsieur-là mon papa ? » Durant le voyage du retour, dans la Simca du garagiste du Mesnil que Madame Chambard avait réquisitionnée moyennant finance pour nous ramener à Paris le plus vite possible, j'avais longuement expliqué à Maximilien que son papa était revenu de la guerre, qu'il s'était battu contre les Allemands, qu'il allait le revoir, mais qu'il ne le reconnaîtrait pas. Il y avait si longtemps qu'ils ne s'étaient plus vus. « C'est pas comme Malbrough alors, il est revenu lui, et Maman ? – Après, Max, Maman reviendra après. »

J'ai poussé le petit vers Monsieur Ernest qui ne bougeait pas. « Embrasse ton papa, Maximilien. » Max m'a jeté un coup d'œil inquiet et, reculant d'un pas en arrière, a repris ma main qu'il venait de lâcher. Intimidé, les bras collés au corps, raide comme un pantin, Monsieur s'est penché vers son fils et lui a donné un rapide baiser. « Rentrons. » Arrivé sur ces entrefaites pour prendre les bagages, le nez rouge et en cache-nez malgré la douceur de l'air, Marcel a bousculé Monsieur, il a soulevé Max dans ses bras et lui a fait claquer deux grosses bises sur les joues en l'appelant son petit bonhomme. Puis, les valises sous un bras, la main de Max dans la sienne, il a poussé la porte du pied. « Te voilà chez toi, mon petit gars. » Monsieur Ernest les a suivis, je fermais la marche. La peinture bleue de la verrière donnait au vestibule des allures d'aquarium géant, des housses de calicot bistre recouvraient les sièges, les places des tableaux manquants faisaient au mur des grandes taches claires.

« Dans ce cas, je souhaiterais que vous vous installiez définitivement à côté de Maximilien, dans la chambre normalement réservée à la nurse. » Monsieur était venu jusqu'à mon petit bureau où j'avais retrouvé ma place en même temps que je reprenais la maison en main. Assis bien droit sur la chaise paillée réservée aux visiteurs, souriant avec l'extrême politesse qui le caractérisait, distant au possible, il était venu me demander quelles étaient mes intentions. Je n'ai pas tout de suite compris de quoi il me parlait, Dolorès. Depuis trois jours que j'étais de retour à Paris, je m'échinais pour tenter de rendre à la maison son aspect d'antan en vue du retour de Madame, et pour que Maximilien s'y sente à l'aise autant que possible, ce qui n'était pas une mince affaire. La grande maison solennelle et son petit jardin ne lui plaisaient pas. Il réclamait le parc, les leçons de piano et Sultan. Il faut avouer qu'entre la vie calme et champêtre du Mesnil et l'effervescence impersonnelle qui régnait avenue de Villiers, il y avait du changement.

L'hôtel s'était transformé en bâtiment officiel, sorte de quartier général des Forces françaises libres dont Monsieur Ernest avait pris le commandement. Un va-et-vient continu de jeunes hommes bronzés en treillis, et de femmes en calot et jupe kaki montrant leurs genoux, emplissait l'immeuble de dix heures du matin a minuit. Des civils pâles, maigres, et jeunes également, se mêlaient à eux. Une faune bruyante qui à la vérité, Dolorès, ne me disait rien de bon, et dont je me méfiais d'instinct. Des réunions se tenaient en permanence dans le grand salon et dans la bibliothèque, saturés de la fumée des cigarettes américaines. On aurait dit que ces gens se rattrapaient de cinq ans de privation de tabac. Le rez-de-chaussée de l'hôtel empestait, Marcel vidait les cendriers en grommelant que tout cela ne plairait pas du tout à Madame. Quant à moi je devais improviser des repas pour quinze personnes dans une ville où l'on manquait de tout. Monsieur Hervé qui avait réintégré son domicile passait régulièrement. Son teint frais et ses rutilants costumes croisés tranchaient avec les tenues vestimentaires des nouveaux occupants des lieux, toutefois il semblait aussi à l'aise avec les communistes et les gaullistes qu'il l'avait été avec les pétainistes et les collabos. J'étais contente de le voir, quant à Max, il s'accrochait à la manche de son parrain et lui demandait si nous allions bientôt retourner au Mesnil. Monsieur Ernest assistait à ces scènes en silence, un sourire de bouddha posé sur sa face.

« De quelles intentions parlez-vous Monsieur ? – Je veux savoir si vous comptez rester avec nous. Vous imaginez combien votre présence est précieuse pour le petit et pour moi en l'absence de ma femme, plus que précieuse, indispensable. »

Je me suis donné un petit temps pour répondre, histoire de lui faire croire que j'hésitais. Les patrons doivent être tenus en laisse, Dolorès, je vous l'ai souvent répété. « Si vous le désirez, je reprendrai mes fonctions de gouvernante comme avant la guerre, et en sus, je continuerai de m'occuper de Maximilien comme je l'ai fait depuis sa naissance. » Monsieur Ernest regardait ses mains dont le hâle avait fait disparaître les taches de rousseur. « Cela fera beaucoup de travail, vous semble-t-il possible de concilier les deux tâches ? – Comme vous vous en êtes certainement rendu compte, Monsieur, le travail ne me fait pas peur et j'ai une bonne santé. Avec le personnel nécessaire, j'en viendrai à bout. – Je n'en doute pas Mademoiselle, du reste le Général de Gaulle a pensé à vous pour un poste au gouvernement. » L'humour était l'unique moyen dont Monsieur Ernest disposait pour communiquer avec autrui. Mais je vous ai appris aussi qu'il ne faut pas blaguer avec les patrons. J'ai esquissé un sourire contrit et réprobateur. « Par contre Monsieur, et avec tout le respect que je vous dois, je souhaiterais une augmentation. » Je vous l'ai déjà dit, j'aime l'argent, le moment était tout trouvé pour demander une augmentation et l'obtenir. « Bien sûr, Mademoiselle Drot, bien sûr, cela va de soi. »

J'ai porté mes affaires dans la chambre de la nurse, quittant à regret la mansarde de mes débuts. J'avais demandé à Monsieur la faveur de prendre avec moi la petite chaise. « Prenez ce que vous voulez, Mademoiselle Drot. »

J'avais trente-deux ans au début de l'automne quarante-quatre. Tous les matins je battais le pavé du dix-septième et du huitième arrondissement sur mes chaussures à grosses semelles, poussant devant moi une charrette à provisions bricolée par Marcel, caisse à savon montée sur roulettes dont les grincements signalaient bruyamment mon passage. Maximilien trottait à mes côtés en culotte de flanelle grise, tricot bleu à côtes anglaises et bottines à bouts ronds, un vrai petit lord. Il s'agissait de trouver à manger pour une troupe d'hommes et de femmes dans la force de l'âge, qui avaient pour ambition de remettre la France debout et en état de marche, c'est dire si leur appétit était grand et ma tâche ardue. Le matin j'avais réclamé de l'argent en conséquence. « Vous allez me ruiner, Mademoiselle Drot. – Ça n'est pas de ma faute si vous nourrissez la France libre, Monsieur. » À part moi je pensais que trier le bon grain de l'ivraie n'aurait pas été du luxe. De tous ceux qui avaient pris leurs quartiers avenue de Villiers, j'aurais été curieuse de savoir combien étaient de vrais résistants, et depuis combien de temps. Si ce calcul avait été fait, Dolorès, la quantité de nourriture à rapporter aurait sans doute sensiblement diminué.

Ils étaient rassemblés au coin du boulevard Malesherbes et de la rue de Monceau, devant Le Celtic, grand café concurrent du Canon de Villiers, qui avait vu son étoile sévèrement décliner depuis le départ des boches. Les gens criaient. D'ordinaire j'évite le monde et la foule. Je ne saurais vous dire pourquoi ce jour-là je me suis approchée, tenant fermement dans ma main le petit poing de Max. La période sans doute, le désordre, l'excitation, le trouble qui régnaient dans la ville. Le fait est que je me suis frayé un chemin jusqu'à voir la cause de l'attroupement. Elle avait quoi, vingt ans, vingt-deux ans ? la tonte ne lui avait rien ôté de sa beauté, elle ressemblait à la Jeanne d'Arc de Dreyer, vous ne connaissez pas, Dolorès, c'est sans importance. Elle fermait les yeux sous les injures et les crachats, et voyez-vous, elle m'a fait terriblement penser à Madame dont nous ne savions toujours rien. J'ai dit à Max de garder la charrette et de ne pas bouger, j'ai écarté les braillards qui m'entouraient, hommes femmes enfants, et je me suis interposée entre elle et eux. Je l'ai prise par les épaules et, ôtant mon béret, je l'ai mis sur sa tête écorchée. Ils criaient, me traitaient de collabo et de putain, j'ai crié plus fort qu'eux : « Que ceux qui n'ont rien à se reprocher lèvent le doigt », la femme adultère qui s'en souvenait ? Tous ces bons Français, ces bons chrétiens auraient dû relire l'Évangile, plutôt que *Le Petit Parisien* soi-disant libéré. Ils ont ricané pour la forme et nous ont laissées passer, elle et moi, je la portais presque. « Viens, Max, nous allons raccompagner cette dame chez elle. »

C'est à ce moment que j'ai vu Monsieur Jacques. La rage me portait, je n'avais peur de rien, je me suis avancée vers lui. J'aurais eu un pistolet au poing qu'il n'aurait pas eu l'air plus inquiet. « Bonjour Monsieur Jacques, comment allez-vous, vous ne travaillez plus au Canon ? » Je souriais d'un large sourire : « Je suis sûre que vous êtes de mon avis, Monsieur Jacques, c'est moins grave de coucher avec un boche que de dénoncer son voisin pour récupérer son appartement, sa boutique, son argent et l'envoyer à la mort par-dessus le marché. N'est-ce pas, Monsieur Jacques ? »

Je n'ai pas attendu la réponse. Nous sommes partis tous les trois. Mon chignon s'était défait dans la bagarre, libérant mes cheveux qui s'étaient déroulés jusqu'au milieu du dos. J'ai marché tête haute, comme une reine, tenant le bras de la gamine qui regardait par terre, Max tirait la poussette comme il le pouvait. C'est un de mes très bons souvenirs. Franchis quelques mètres, les sifflements et les quolibets ont repris mollement. La petite habitait tout près, et, si vous voulez mon avis, elle avait dû en faire saliver plus d'un dans les parages. C'était la fille de la mercière de la rue de Lévis, une commerçante aimable, appréciée de tous, chez qui j'avais l'habitude d'acheter mon fil et mes boutons, et, autrefois, les brassières pour Marie-Cécile. Le rideau de fer était baissé, j'ai cogné dessus comme j'aurais voulu cogner sur cette mère honteuse qui laissait maltraiter son enfant sans venir à son secours. Le rideau s'est levé juste de quoi laisser passer la petite à quatre pattes, et s'est aussitôt rabaissé. La charité chrétienne veut qu'on ne juge pas son prochain, Dolorès. Je ne jugeais pas, j'aurais simplement aimé en exécuter quelques-uns, à la mémoire d'Henry, pour Madame et pour tous les innocents martyrisés. Max a assisté à tout cela sans broncher, il me tenait la main, les yeux grands ouverts, un peu effaré. J'ai pensé que plus tard, quand il serait grand, il serait fier de moi et je me suis remise en quête de nourriture.

C'est par charité chrétienne que j'ai couché avec Monsieur Ernest, Dolorès, c'est la vérité. Du reste, pardonnez-moi de vous faire ce genre de confidences, mais je n'en ai conçu aucun plaisir. La chose s'est produite dans le bureau de Monsieur, avenue de Villiers, en juin quarante-cinq, l'Allemagne avait capitulé le huit mai, Marie-Cécile avait fait sa première communion le neuf, et Max venait d'avoir cinq ans. Les panneaux de signalisation en caractères gothiques, les uniformes verts et les chemises brunes appartenaient désormais au passé, et jamais les conditions de vie des Parisiens n'avaient été si mauvaises. Par-dessus le marché et pour l'anecdote, figurez-vous que depuis le mois d'octobre mille neuf cent quarante-quatre j'avais en poche une carte d'électeur. Malgré mes démarches et mes acrobaties, l'argent de Monsieur Treives ne suffisait pas à trouver assez de charbon pour chauffer la maison ni de nourriture pour rassasier ses habitants. Nous avions eu froid l'hiver, souvent un peu faim. Depuis le mois de mai, des déportés revenaient d'Allemagne et de Pologne, ils faisaient peur à voir, ils ne disaient rien et nous attendions Madame chaque jour.

Après la guerre comme avant, Versailles demeurait gris perle, sans vie et de toute beauté. Hautain, pingre, fermé. Par devoir, parce que je suis une femme de devoir, vous avez eu le loisir de vous en rendre compte, j'y avais repris mes visites. Le jeudi après-midi nous nous promenions dans le parc ma fille et moi. Avec sa cape de pensionnaire et son petit béret bleu bordé de cuir noir, Marie-Cécile marchait sagement à mes côtés, sans dire un mot. Nous allions jusqu'au grand canal. Je lui posais des questions pour l'intéresser à la nature, aux statues, aux promeneurs. Elle répondait à peine, gentille et morne, sans que le mot « Maman » passe jamais ses lèvres, nous nous ennuyions, l'une autant que l'autre. Malgré moi je ne pouvais m'empêcher de la comparer à Max, si vif, si curieux de tout et si câlin. Je l'imaginais courant dans les allées, dévalant les marches, se penchant sur le rebord des bassins pour voir son reflet dans l'eau, posant mille questions sur les animaux et les dieux de pierre qui ornent ces jardins, et enfin me suppliant de lui acheter un ballon ou un cerf-volant jusqu'à ce que je lui intime l'ordre de se tenir tranquille. Passé les grilles du parc, à l'angle de la rue de la Paroisse et de la rue des Réservoirs, Marie-Cécile poussait un soupir de soulagement en apercevant la porte du couvent, le pensum tirait à sa fin.

C'est à l'occasion de sa communion privée que la proposition m'a été faite. À neuf heures, ce dimanche matin de mai, mois de Marie, il faisait encore froid. La chapelle du couvent était pleine. Les vingt communiantes portaient des robes blanches et une couronne de roses en papier crépon sur leurs têtes pâlottes, les mamans s'étaient faites belles, chapeaux, sacs, et chaussures assortis. Noires et sévères, les visitandines encadraient mères et petites filles, claquant des mains pour les faire se lever, s'agenouiller ou s'asseoir. Quant au prêtre, unique représentant du sexe fort, hormis l'enfant de chœur, son embonpoint conduisait à penser qu'il n'avait pas eu à souffrir des rigueurs de la guerre. Il fit aux petites un long prêche sur le Saint Sacrement. Les enfants répondaient en latin de leurs voix mécaniques et haut perchées. Marie-Cécile a reçu la communion en fermant les yeux, une petite ride entre les sourcils. Je l'ai recommandée à la Vierge et à son Fils, en leur demandant d'intercéder auprès du Père afin que l'amour prenne le pas sur la pitié et le remords que m'inspirait mon enfant. Au réfectoire qui sentait la soupe aux poireaux, un croissant dodu et doré était posé à côté de chaque bol. Les petites filles regardaient avec curiosité et excitation cette nourriture dont elles n'avaient jamais goûté auparavant. J'allais quitter le couvent quand Mère Marie-Joseph m'a attrapée par la manche. « Il faut que je vous parle, ma fille. »

« Des gens très bien. Des gens de Reims, la femme a trente ans passés, elle est stérile, ils ont fini par se décider à l'adoption. La famille possède une grosse imprimerie, fournisseur entre autres des étiquettes de champagne, elle est connue pour sa générosité envers l'Église. Marie-Cécile ne manquera de rien, ni spirituellement ni matériellement. » Nous marchions toutes deux dans le petit jardin, entre les buis et un parterre de digitales et de campanules, blanches, roses et mauves, une réussite de la sœur jardinière. « J'ai pensé à votre fille, parce qu'elle est intelligente, que vous ne l'aimez pas et qu'elle le sait. Vous faites ce que vous devez, ce que vous pouvez, vous n'avez rien à vous reprocher, mais cela vous pèse. Beaucoup de filles-mères ne vivent que pour leur enfant, ça n'est pas votre cas. » La Mère allait droit au fait, j'en avais l'habitude et c'est aussi pour cela que je l'aimais, mais cette fois, je ne l'ai pas écoutée, Marie-Cécile était ma fille, je ne la laisserais pas à des étrangers tout bons catholiques soient-ils, dussions-nous en souffrir l'une et l'autre toutes nos vies. La douleur d'être reniée par sa mère m'était connue, je ne la lui infligerais pas, quitte à lui en infliger d'autres.

« Je m'en doutais. Vous avez peut-être raison, mais vous allez en voir de rudes. J'ai autre chose à vous dire. Votre oncle s'est engagé de bonne heure dans la Résistance et il s'est conduit en héros, tout Versailles est au courant, inutile de vous dire qu'il ne recueille pas l'unanimité. J'ai pensé que vous seriez contente de le savoir, car voyez-vous, ma fille, l'expérience apprend qu'il ne faut jamais désespérer des créatures de Dieu. » Pour me dire cela, elle avait posé les mains sur mes épaules dans un geste presque tendre qui ne lui ressemblait pas. Je n'ai pas fait de commentaire, je n'en avais pas envie. J'ai pensé à part moi que les deux fois où j'avais cédé, j'avais cédé à des héros, dont l'un était bon et l'autre méchant. J'ai demandé des nouvelles de Monsieur Beulet. Il était retourné sans faire de bruit à son métier d'électricien, à sa vie de famille et aux œuvres de sa paroisse.

Durant le trajet du retour, poursuivie par l'expression sérieuse de Marie-Cécile durant la messe, j'étais partagée entre la certitude d'avoir bien agi et le regret de nous priver l'une comme l'autre d'une vie plus facile. Dans le train des hommes lisaient des journaux annonçant la capitulation de l'Allemagne sur cinq colonnes à la une. J'ai regardé par la vitre les coteaux fleuris qui dominent Paris et que je connaissais par cœur, maison par maison, jardin par jardin, jusqu'à ce que ceux-ci, aux abords de la ville, laissent la place à des immeubles pour pauvres et des usines en briques rouges.

En dépit de la bonne volonté de Marcel, du savoir-faire de Georgette, la cuisinière, et de ma propre force de travail qui est grande, à nous trois nous ne suffisions pas à la tâche. J'avais dû reformer la brigade des domestiques. Fin avril, le valet de chambre de Monsieur, Donald, était revenu de son Édimbourg natal en uniforme de chasseur écossais. « Vous n'avez pas changé, Mademoiselle. » Lui non plus n'avait pas changé, teint ponceau, gaieté intacte, il n'avait rien perdu de son épouvantable accent, pire que le vôtre, Dolorès, et avait rapporté d'Angleterre un paquet de thé pour Madame que j'ai enfermé dans mon placard. J'avais engagé une fille de cuisine, et une femme pour faire le ménage, il manquait une lingère et un jardinier à la journée.

C'était une matinée ensoleillée de juin, Max était au jardin avec Marcel qui remplaçait le gravier des allées et je m'apprêtais à me rendre au bureau de placement de la rue Jouffroy, quand Monsieur Lucien a sonné à la porte de service. « C'est moi. » En trois ans de maquis il avait forci, perdu son teint de jeune fille et ses allures dégingandées. Il était vêtu à la mode des jeunes hommes en colère de l'époque, d'une chemise blanche pas très fraîche, à col ouvert, d'un pantalon de velours côtelé et de galoches montantes à œillets, avec, portée sur le coin de l'œil, son éternelle casquette de turfiste. « Monsieur Lucien, pourquoi sonnez-vous à l'entrée de service ? » Je n'ai rien trouvé d'autre à dire. On est bête dans ces moments-là, Dolorès. « Parce qu'elle me va mieux que le porche et que je pensais vous y trouver. » Je lui ai fait réchauffer les restes de la chicorée du petit déjeuner. « Alors, les Français se partagent ce que les doryphores ont laissé, les collabos mettent de beaux petits costumes gaullistes, qui du reste leur vont à merveille, et tout recommence comme avant, c'est-y pas beau ? » La clandestinité n'avait pas amélioré ses manières, mais puisque je pensais comme lui je l'ai laissé dire.

« Je vous dis qu'elle ne reviendra pas. » Le ton était neutre, sans appel, un constat. « Depuis deux ans, vous voulez rire. Elle n'avait aucune chance. Ernest le sait. » Je sentais qu'il avait raison, mais je ne voulais pas le croire. Je l'ai conduit jusqu'à la fenêtre du couloir d'où l'on apercevait le jardin. Sous prétexte d'aider Marcel, Max remplissait soigneusement son seau de cailloux qu'il allait ensuite déverser en petits tas dans l'allée menant à la véranda. « Il lui ressemble. »

Au 27, la politique cédait du terrain et le commerce reprenait ses droits. Les artistes étaient de retour, il fallait les nourrir eux aussi. Tout au long de ma carrière j'ai eu l'occasion de constater que les artistes ont en général de gros appétits, ce qui, à l'été quarante-cinq, ne me facilitait pas le travail. Les peintres et les sculpteurs côtoyaient les membres du gouvernement provisoire autour de tablées hétéroclites qui se prolongeaient des heures, rendant le service difficile. À peine la table du déjeuner desservie il fallait remettre celle du dîner. Le ventre creux et les verres pleins, ces gens refaisaient le monde et, entre nous, il était juste temps. Des femmes d'un genre qui me déplaisait, et qui me déplaît toujours, tournaient autour du maître de maison. Lorsqu'il se rendait à la galerie qui avait rouvert ses portes, Monsieur Ernest remettait ses costumes anglais encore imprégnés de l'odeur du camphre. Quand il a croisé Monsieur Lucien dans le hall il portait son prince-de-galles. Ces deux-là, qui ne s'aimaient pas, Dolorès, se sont longuement embrassés et, sans parler, ils se sont dirigés vers la bibliothèque. C'est le lendemain que Monsieur Ernest s'est enfin décidé à se rendre à l'hôtel Lutétia, gare de triage pour ceux qui revenaient de déportation, résistants et juifs confondus, et centre de renseignements pour les familles sans nouvelles. Depuis son retour à Paris, Monsieur Ernest faisait appel à tous les intermédiaires possibles, compagnons de la Résistance, camarades du parti, relations de tout poil liées au nouveau pouvoir, afin qu'ils se renseignent et qu'ils retrouvent la trace de sa femme, sans oser s'y atteler lui-même. Le sort de ceux qu'on avait emmenés était maintenant connu de ceux qui voulaient le connaître, ignoré des autres, de loin les plus nombreux. Monsieur Ernest n'était pas pressé de savoir. Au fond, Dolorès, tant qu'il était dans l'ignorance il pouvait espérer. L'hôtel Lutétia lui faisait peur, il m'a demandé de l'accompagner, j'avais peur autant que lui.

Des ambulances stationnaient devant l'entrée de l'hôtel. Beaucoup de monde s'affairait à la réception et dans les salons qui sentaient l'asile, eau de Javel, savon noir, désinfectant et cette odeur fade qui rôde toujours autour des malades et des mourants. Il y avait des infirmières de la Croix-Rouge, des bonnes sœurs en cornette, des bourgeoises, des familles de toutes classes et de toutes origines, et les rescapés, épouvantails aux mains énormes dont je détournais le regard. De temps à autre on entendait un cri et des sanglots vite réprimés. Il n'y avait pas trace d'Antoinette Treives. Arrivés en début d'après-midi, à cinq heures nous attendions encore. À l'accueil une dame bien mise avait consulté plusieurs registres, passé des coups de téléphone, interpellé des collègues. « Il faudrait avoir la date exacte de départ du convoi », répétait-elle en tapotant ses incisives du bout de son crayon. Sa chevalière de petit doigt et le tweed de sa jupe pochant un peu aux fesses signalaient l'habitante du septième arrondissement. « Attendez-moi, je pense à quelque chose. Une jeune femme est rentrée récemment, les dates d'arrestation correspondent. » Nous avons attendu en silence, assis sur un banc de peluche rouge aux pieds dorés. Elle est revenue accompagnée d'un de ces êtres gris aux yeux creux et aux cheveux courts, dont seuls les vêtements indiquaient le sexe. Monsieur Ernest transpirait, quant à moi je cachais dans mes poches mes mains qui tremblaient. La femme avait une jolie voix, un peu éteinte.

« Antoinette, oui, nous étions ensemble à Drancy, oui, nous sommes parties par le même convoi. Non, elle n'a pas supporté le voyage, elle est morte dans le train, juste avant d'arriver. » Elle parlait tout uniment, sans émotion, souriant dans le vide, elle n'était pas là.

Il faisait beau dehors et j'ai toujours eu horreur de pleurer en public. Je suis partie sans me retourner et sans répondre à Monsieur Ernest qui me demandait où j'allais et m'ordonnait de revenir. Les fleurs de marronniers, roses, blanches et tachées de rouille, jonchaient le trottoir central du boulevard Raspail. Antoinette Treives était morte à vingt-neuf ans étouffée dans un wagon à bestiaux, et moi, j'avais trente-trois ans, j'étais vivante et je marchais à grands pas. Il faisait doux. D'une traite j'ai descendu le boulevard, la rue du Bac et j'ai longé les quais jusqu'au pont de la Concorde où je me suis arrêtée pour regarder couler le fleuve. La Seine était rose et nacrée, comme l'était Madame, élégante, gracieuse et nonchalante, comme Madame. Le petit soldat anglais n'a toujours pas compris pourquoi je l'ai insulté après qu'il m'eut très poliment demandé si nous pouvions faire un bout de chemin ensemble. « Pauvre type, fichez le camp, laissez-moi tranquille, elle est morte, vous entendez, elle est morte. » Le laissant là, j'ai passé mon chemin.

Les Allemands avaient tué des humains en quantité innombrable, mais ils avaient épargné Paris, et c'était une bonne chose. Close par les bâtiments de Gabriel, vide de voitures, la place de la Concorde s'offrait dans toute sa beauté. Au nom de ceux que j'avais aimés et qui ne pouvaient plus voir, pour Madame, pour Henry, je l'ai regardée de tous mes yeux.

À l'époque dont je vous parle, il y avait un tabac, Le Narval, au coin de la rue Royale et de la rue du Faubourg-Saint-Honoré, carrefour de l'élégance universelle en temps de guerre comme en temps de paix, sans rapport aucun avec ce qui s'y voit de nos jours. Je suis entrée dans ce bar, et j'ai demandé au garçon qui essuyait les verres en sifflant *C'est une fleur de Paris* de me servir ce qu'il avait de plus fort. « De l'eau-de-vie si vous voulez, elle arrache. » Les ateliers et les bureaux venaient de fermer leurs portes, des petites mains buvaient des Suze et des riquiquis au comptoir, à côté d'employés qui en étaient déjà à leur troisième bock de bière. Là non plus je n'étais pas à ma place, Dolorès, mais à force de n'être à ma place nulle part, j'étais partout chez moi.

J'y suis restée deux grandes heures, en buvant de l'eau-de-vie dans un verre à fond épais que je glissais vers le garçon dès qu'il était vide pour qu'il le remplisse à nouveau. Une brune nommée Micheline m'a raconté sa vie qui n'était pas drôle. Son bon ami venait de la laisser choir pour se mettre en ménage avec sa cousine germaine, elle avait dans l'idée de les tuer tous les deux. Un homme aux joues rouges et en casquette à soufflets, qui devait avoir dans les cinquante ans, m'a proposé de l'épouser et de le suivre en Normandie dans une petite ferme près de Bayeux, dont il avait hérité. J'aurais du beurre, de la crème et des œufs à volonté. Une vieille femme en chapeau à fleurs, un chien-loup mangé aux mites couché à ses pieds, pleurait au fond de la salle en psalmodiant « Pauvre Maréchal, pauvre Maréchal » sans que personne lui prête attention. C'était une habituée.

J'étais grise moi aussi. Je répétais à voix basse et sans me lasser que mon fiancé et ma petite sœur avaient été assassinés par les Allemands, que j'étais toute seule et que ça m'était bien égal. J'ai tenté de consoler et de calmer Micheline en lui affirmant qu'une belle fille comme elle ne tarderait pas à retrouver un homme, et j'ai assuré mon prétendant de ma sympathie et de mon goût pour le calvados, tout en déclinant son aimable proposition au motif que je devais rester à Paris pour m'occuper de mon neveu.

Max, je l'avais oublié. J'ai regardé ma montre, l'heure de son dîner était passée, il devrait bientôt aller au lit, et je ne serai pas là pour lui raconter une histoire, lui souhaiter bonne nuit, et le recommander à Dieu. Revenant à moi, j'ai serré la main à mon fermier, embrassé Micheline sur les deux joues en lui souhaitant bon courage, salué la compagnie à la ronde, y compris la vieille qui pleurait toujours, et j'ai attrapé de justesse le 94 qui passait rue Royale, devant la Madeleine. Je suis une forte constitution, Dolorès, quelques verres d'alcool ne me font pas perdre mes moyens. Le contrôleur a ôté la chaîne et m'a tendu une main vigoureuse pour m'aider à grimper sur la plate-forme. « Eh bien mon petit lapin, on est si pressée que ça d'aller retrouver son amoureux ? » Il était plus de neuf heures quand je suis arrivée au 27, Marcel rangeait la vaisselle du dîner, il m'a regardée de travers. « Georgette a fait dîner Max, elle l'a couché, Monsieur vous attend dans son bureau, il est pas content. » J'ai retiré mon chapeau et mon imperméable. sans me presser. « J'y vais. Madame ne reviendra pas, elle est morte, il vous l'a dit ? »

« Il est tard, Mademoiselle Drot. Max vous a attendue, il était très inquiet, et moi aussi. Je croyais pouvoir compter sur vous, surtout un jour comme aujourd'hui. » Faisant mine de regarder par la fenêtre le ciel qui pâlissait, il me tournait le dos. « En sept ans, j'ai été trois fois en retard, Monsieur, si vous trouvez que j'abuse, je vous donne mes huit jours et on n'en parle plus. » J'avais la main sur la poignée de la porte et je me fichais de tout. J'étais de retour au 27 où Madame ne reviendrait pas, le reste était sans importance. Il s'est retourné brusquement, il avait les yeux bouffis, brillants et rouges d'un homme qui a beaucoup pleuré, sa bouche tremblait. « Ne m'emmerdez pas avec vos grands airs, Mademoiselle Drot. » J'étais fatiguée, Dolorès, je n'avais qu'un souhait, monter dans ma chambre et dormir. Sans que j'aie eu le temps de faire le moindre geste, il était sur moi. Monsieur Ernest était grand, costaud, il suait. J'aurais pu crier, appeler à l'aide, je l'ai laissé faire, cela lui faisait du bien et ça m'était égal, complètement. Je lui ai seulement recommandé de se retirer à temps. Je n'irai pas jusqu'à dire que je m'y attendais, mais je n'ai pas été autrement étonnée par l'acte qui a été bref et insignifiant. Un léger courant d'air a fait bouger les voilages, j'ai pensé qu'ils n'avaient pas été nettoyés depuis le début de la guerre et que je devais ajouter cela à la liste des choses à faire. En se relevant et en se rajustant avec précipitation et maladresse, il a balbutié des excuses. Je ne lui en voulais pas. C'était une façon de dire adieu à Madame, une façon d'homme. Je me suis lavée avant d'aller voir Max qui dormait paisiblement, les bras relevés de chaque côté de la tête, paumes ouvertes, un ange. Il a ouvert les yeux quand je l'ai embrassé. « Où tu étais Azelle ? – Dors, mon bébé, Azelle est là. » Le lendemain j'ai porté chez le teinturier ma jupe tachée, j'ai fait passer la note sur les frais de la semaine.

« Monsieur Ernest a bien dormi ? » Il était neuf heures et demie, ma journée était commencée depuis un bon moment et la chaleur lourde annonçait de l'orage. Il était à son bureau, déjà au travail. Je venais lui parler des soucis que j'avais pour trouver un jardinier, lui dire que Marcel avait trop à faire, et, litanie quotidienne, lui demander de l'argent. « Pas très bien, Mademoiselle Drot, et vous ? – Parfaitement, Monsieur, parfaitement ». Il n'a pas levé la tête du catalogue qu'il annotait avec un énorme Waterman à plume en or. « Pour hier, Mademoiselle Drot... » Je lui ai coupé la parole. « Justement, Monsieur, à propos d'hier, je voulais vous demander l'autorisation de faire dire une messe pour Madame. » Il faut savoir profiter des circonstances, Dolorès, ce matin-là il ne pouvait rien me refuser. « Une messe ? » Il s'attendait probablement à autre chose et son air stupéfait m'a fait rire intérieurement. « Je sais que Madame n'était pas croyante, Monsieur, ni vous, mais ne pensez-vous pas que, croyant ou non, il faut accompagner nos morts, surtout ceux-là qui n'auront pas de sépulture ? » Il a levé vers moi ses yeux pâles et sans vie. « Oui, peut-être, une messe, pourquoi pas une messe. »

« Une messe, mais vous êtes malade ! – Monsieur Ernest pense que c'est une bonne idée, je ne vois pas ce que vous avez à dire. » Monsieur

Lucien se montrait souvent avenue de Villiers, il venait y voir son neveu et se chamailler avec moi. Il continuait d'entrer par la porte de service et s'installait dans mon bureau sans demander la permission à quiconque, je le trouvais en train de lire *Combat* ou *L'Humanité* tout en fumant des cigarettes de l'armée américaine, dont il secouait la cendre n'importe où. « Vous pourriez au moins ouvrir la fenêtre et prendre un cendrier. – Et vous, vous devriez vous mettre au tabac cela vous ferait du bien. » Il était toujours aussi mufle et mal embouché, et, au fond de moi, je lui savais gré d'être resté le même, tant d'autres choses avaient changé. Ce soir-là, il est passé après le dîner, Max s'était endormi et Monsieur Ernest s'était retiré dans son bureau. Je lui ai donné un reste de chou, un verre de vin, et je lui ai demandé s'il savait que nous avions été à l'hôtel Lutétia. « Bien sûr, je le sais, de toute façon, je vous avais prévenue. » Je me suis mise à pleurer devant ce jeune homme dont je partageais le malheur, cet étranger dont chaque mouvement de tête, chaque geste de ses longs doigts, chaque soupir étaient l'ombre portée des mouvements, des gestes, des soupirs de celle que nous avions perdue. Il est venu vers moi et m'a prise rudement par les épaules. « Allons faire un tour, Vieille France, il fait bon dehors, cela nous fera du bien. » Je suis sortie en cheveux et bras nus, et nous avons marché l'un près de l'autre, de la place Pereire à la place Clichy, jusqu'à ce que la nuit tombe. Il y avait du monde boulevard des Batignolles. Après toutes ces nuits obscures, je ne me lassais pas de regarder les fenêtres ouvertes et allumées qui décoraient Paris comme des lampions. « Oui, une messe, elle y a droit, je ne peux pas la laisser partir comme ça », il a haussé les épaules avec une moue qui disait que de toutes les façons il n'en avait rien à faire. Nous sommes rentrés avenue de Villiers, bras dessus, bras dessous, comme deux vieux amis. Nous avions tous deux la nuque raide, et la France amnésique et encocardée de l'après-guerre ne nous plaisait pas beaucoup plus que la France soumise et sournoise de l'Occupation.

« Il n'y a pas de raison. Je refuse, elle n'était pas de ma paroisse, elle n'était pas catholique, même pas chrétienne. » C'est avec le curé des Batignolles que les choses se sont gâtées. Buté, fermé, il ne voulait rien savoir et moi je tenais coûte que coûte à ce que le service soit célébré dans cette église que j'aimais, sous les yeux de ma Sainte Vierge de Paris, tellement plus humaine, plus compatissante, plus proche des malheureux que les Vierges versaillaises. Cet ecclésiastique à la soutane douteuse me dégoûtait, j'ai employé les grands moyens. « Dites, Monsieur le curé, vous avez fait quoi pendant l'Occupation ? J'ai des amis dans la Résistance qui aimeraient bien le savoir. » Je suis partie sans lui laisser le temps de répondre, avec l'intention de laisser le doute faire son œuvre.

« Le curé des Batignolles se fait tirer l'oreille. » J'avais avec mon patron des relations normales en apparence. Je tenais sa maison, je prenais soin de son fils et je recevais ses ordres. Déterminée à ce que Madame ait sa messe, je suis venue lui parler du mauvais prêtre qui se mettait en travers de ma route. Depuis l'autre soir, autant que possible, Monsieur Ernest évitait mon regard. En l'occurrence, il examinait avec attention la pointe de ses chaussures en pécari auxquels Donald avait redonné leur lustre d'antan. « Je suis mal placé pour vous aider, Mademoiselle Drot, mes relations avec l'Église catholique et son clergé sont limitées, comme vous le savez, j'aurais peut-être pu vous trouver un rabbin, et encore, j'aurais eu du mal. Je ne vois que le père Bernard, il arrangera peut-être vos affaires. »

Le père Hippolyte Bernard était une grande gueule et un bel homme, Dolorès. Tôt engagé dans la Résistance, ses six mois de déportation ne l'avaient pas trop abîmé, et depuis son retour, ce dominicain était devenu la coqueluche des gaullistes de la bonne société parisienne. On le voyait de temps à autre au 27, il y venait en aube blanche ou en treillis, c'était selon.

« C'est une bonne idée que vous avez eue là,

Mademoiselle, le deuil des morts sans tombeau est dur à s'accomplir. » Nous marchions côte à côte rue Legendre et j'ai pensé au petit cimetière de Saint-Gaultier et aux renoncules que j'y avais plantées. Intelligent, beau parleur et brutal, le père n'a pas eu de difficulté à faire céder un petit curé de paroisse qui avait passé les cinq dernières années de sa vie en fermant les yeux et en se bouchant les oreilles.

Ce fut une belle messe, avec de la belle musique et un beau sermon du père Bernard qui s'y entendait. Ils sont tous venus, Monsieur Ernest, Monsieur Hervé et Madame Chambard, Marcel qui était le seul à pleurer, la cuisinière, et même la mère de Madame qui avait refait surface avec ses perles et sa méchanceté. Max se tenait entre son père et Monsieur Hervé, coiffé comme un petit homme, ses boucles bien aplaties de part et d'autre d'une raie impeccable qui m'avait donné beaucoup de mal. Il fut enchanté du spectacle. Les fleurs, les orgues, les cierges et l'encens lui plurent infiniment. Ravi, il se tournait vers moi en souriant pour me prendre à témoin de la magnificence des choses. D'un doigt sur la bouche, je lui faisais signe de rester sage. Monsieur Lucien, les yeux noircis par la colère et le chagrin, est resté au fond de l'église. Il est parti au dernier répons, sans parler à personne. « *Ite missa est.* »

Nous sommes rentrés à l'hôtel à pied, j'avais fait préparer une petite collation, car il faut manger après les enterrements. Max et moi nous fermions la marche. Quand nous avons abordé la passerelle des Batignolles, un train de marchandises quittait la gare Saint-Lazare. Il était tiré par une grosse locomotive noire qui nous a enveloppés de sa fumée blanche. J'ai pris Max dans mes bras et je lui ai dit que sa maman était au ciel, qu'elle y était montée comme cette fumée et qu'elle ne reviendrait pas.

Max n'a rien dit. Il regardait le train qui s'éloignait avec un bruit énorme, sifflant à reprises en prenant de la vitesse, et puis, comme il le faisait parfois, l'enfant a frotté son petit nez contre le mien en chantonnant *Il était un petit navire*.

Antoinette Treives n'était plus, la messe des morts avait été dite, ma guerre était finie.

Aujourd'hui, c'est mon temps qui est fini, Dolorès, mais avant de m'en aller, deux ou trois choses encore.

L'assassinat d'Antoinette Treives dans le train français qui l'emmenait en Pologne avait scellé mon destin. Elle était gâtée, capricieuse, frivole, mais son cœur était bon et généreux, elle était courageuse quand il le fallait, et elle aimait rire. C'était mon enfant, ma petite sœur. Je resterais aux côtés des siens, et moi vivante elle vivrait. Je parlerais d'elle à son fils, je lui dirais combien sa mère était charmante et musicienne, comme le bleu lui allait bien, comme elle aimait le golf, le bridge, le thé de Chine, les macarons de chez Pons, les roses, et combien elle l'aimait, lui.

« J'ai décidé de vous rendre mon tablier. »

Deux ans avaient passé. Une photo de Madame avait été posée sur le bureau de Monsieur Ernest à côté de la timbale d'argent gravée à son prénom et à sa date de naissance, « Antoinette, vingt mars mille neuf cent quatorze ». Chaque dimanche, nous faisions un bouquet que Max mettait dans l'eau, c'était le bouquet de maman. Nous avions retrouvé Arès et le bassin pour les vacances et durant l'année scolaire je conduisais Max deux fois par semaine au cours Atmer, je l'emmenais au bois monter à poney, il faisait du solfège et du piano pour lequel il montrait des dispositions étonnantes. Monsieur Lucien ricanait et lui apprenait à siffler et, parfois, le prenait dans ses bras et le serrait très fort. Il me parlait politique et nous nous disputions, comme nous avons continué de le faire jusqu'à la semaine dernière. Les tableaux que Monsieur Ernest accrochait aux murs étaient de plus en plus laids, et de plus en plus cotés. Il était libre, c'était un beau parti, les candidates au mariage ne manquaient pas, jusqu'au soir où il m'a annoncé ses fiançailles avec l'une d'entre elles, une poétesse uruguayenne de toute beauté, immensément riche, droguée et neurasthénique. Les restrictions étaient toujours en vigueur, nous étions en novembre, il avait fait un temps de chien toute la journée, ciel bas, petite pluie persistante et mauvaise, le feu brûlait dans la cheminée de la bibliothèque où j'avais apporté à Monsieur Ernest son porto d'après dîner.

Il va sans dire, Dolorès, qu'il n'avait plus jamais eu de geste déplacé à mon égard, mais l'incident avait établi entre nous une espèce de familiarité froide, un genre d'égalité, qui m'arrangeait bien. « Je vais me marier avec Pilar Do Santos Fuentes, Mademoiselle Drot. » J'ai versé le porto, et je lui ai passé son verre, ma main ne tremblait pas. C'était un excellent porto, j'en prenais moi-même une larme le soir avant de monter me coucher pour me réchauffer. « Bien Monsieur, bonne nuit Monsieur. » Ne jamais réagir sur le moment, Dolorès, règle absolue que vous n'avez pas respectée malgré mes recommandations. J'ai laissé passer la nuit pour attaquer au matin. Postée près de la chambre de Monsieur j'ai guetté Donald qui montait le plateau en sifflotant. Sans un mot, je le lui ai pris des mains et j'ai toqué à la porte. Monsieur Ernest était réveillé, il lisait *Le Monde* de la veille.

« Je le savais. » Exaspéré, il a jeté son journal au bas de son lit dans un geste de colère qui lui ressemblait peu. J'ai continué : « C'est normal, Monsieur. Comprenez-moi, il me serait impossible de faire mon travail dans ces conditions. » Et puis je lui ai dit son fait. « Franchement, Monsieur, vous feriez une immense sottise. On n'épouse pas une droguée notoire qui a couché avec tout le gotha, même si elle est belle et riche comme tout. Ne faites pas ça à Max, gardez-la comme maîtresse officielle si ça vous chante, et laissez-moi m'occuper du reste. »

Il a tordu le nez, des plaques rouges lui sont apparues au cou et au visage, tranchant désagréablement sur sa chair blanche. « Fous le camp, tu m'emmerdes, mais Max a besoin de toi, moi aussi, tu le sais et tu t'en sers. » Je suis sortie sans demander mon reste. Par la suite et jusqu'à sa mort, nos échanges ont souvent revêtu cette tonalité peu amène, je ne m'en formalisais pas, j'étais parvenue à mes fins. Monsieur Ernest n'a jamais plus parlé de se remarier. Nous nous portions respectivement sur les nerfs, mais nous nous aimions bien et notre association a parfaitement fonctionné. J'ai eu beaucoup de chagrin quand il est mort, il y a dix ans. En fin de compte c'est Monsieur Hervé qui a épousé Pilar, l'union a tenu six mois.

Je continuais mes visites à Versailles une fois la semaine sans que Paris en sache rien. Max lui-même ne me questionnait pas sur l'emploi du temps de mon jour de sortie. Je passais mes jeudis après-midi en de pénibles tête-à-tête avec ma fille. Marie-Cécile grandissait, elle était belle, travaillait bien et ne m'aimait pas. J'avais été prévenue. Contraintes l'une comme l'autre, nous faisions le tour du bassin de Neptune, et nous allions prendre un citron pressé et manger un gâteau chez Guinon, rue de la Paroisse, en nous battant les flancs pour trouver quelque chose à nous dire. Le vingt-huit février mille neuf cent cinquante-neuf, jour de sa majorité, Marie-Cécile m'a déclaré qu'elle ne me verrait plus. Aujourd'hui, elle est mariée, mère de cinq enfants que je ne connais pas. J'ai de ses nouvelles par les journaux, car figurez-vous, Dolorès, que Marie-Cécile est élue d'un parti conservateur, championne des valeurs de la famille. Je la vois quelquefois à la télévision. Elle me ressemble. Ma mère est morte en mille neuf cent soixante-quinze, sans que je l'aie revue, c'est Mère Marie-Joseph qui m'a annoncé la nouvelle, elle-même l'a suivie de peu. Pour mon oncle, je n'ai plus jamais entendu parler de lui.

Voilà ma vie, Dolorès. Je l'ai aimée. J'ai tenu à la perfection une maison qui ne m'appartenait pas, j'ai été la deuxième épouse d'un homme avec qui je n'ai couché qu'une fois et encore, par hasard, la maman comblée d'un enfant qui n'était pas le mien, et une étrangère pour ma propre fille à qui je lègue toutes mes économies, jolie somme entre nous. Je laisse mes herbiers à Max, je sais qu'il les aime. Quant à vous, Dolorès, j'ai pensé qu'il vous plairait d'avoir ma médaille de baptême. N'oubliez pas de me l'ôter avant que l'on me mette en bière. Mon testament est dans le tiroir de la table de nuit. La petite chaise n'est pas à moi, elle revient naturellement à son propriétaire.

J'en ai fini, Dolorès, je suis lasse, j'ai hâte de me reposer et de retrouver ceux que j'aime. Ils sont avec les justes, à la droite de Dieu, abrités sous Son grand manteau bleu brodé d'or. Ils m'attendent depuis longtemps, Henry, Mère Marie-Joseph, et Madame, qui rira en me voyant venir.

Ce volume a été composé par
I.G.S. - C.P. à L'Isle-d'Espagnac (16)
et achevé d'imprimer en mars 2004
sur presse Cameron
dans les ateliers de
Bussière Camedan Imprimeries
à Saint-Amand-Montrond (Cher)
pour le compte des Éditions Stock
31, rue de Fleurus, 75006 Paris

Imprimé en France
Dépôt légal : avril 2004.
N° d'édition : 45023 – N° d'impression : 041176/4.
54-02-5676/9
ISBN : 2-234-05676-4